国家社会科学基金项目"社区居家医养结合服务高质量运作模式研究"（21CRK003）阶段性成果

失能老人
长期照料服务供需匹配研究

曹 杨◎著

图书在版编目（CIP）数据

失能老人长期照料服务供需匹配研究 / 曹杨著. —成都：四川大学出版社，2022.7
ISBN 978-7-5690-5570-2

Ⅰ. ①失… Ⅱ. ①曹… Ⅲ. ①老年人－护理－社会服务－研究－中国 Ⅳ. ①D669.6

中国版本图书馆 CIP 数据核字（2022）第 119169 号

书　　名：	失能老人长期照料服务供需匹配研究
	Shineng Laoren Changqi Zhaoliao Fuwu Gongxu Pipei Yanjiu
著　　者：	曹　杨

选题策划：	罗永平
责任编辑：	罗永平
责任校对：	王　静
装帧设计：	墨创文化
责任印制：	王　炜

出版发行：	四川大学出版社有限责任公司
	地址：成都市一环路南一段 24 号（610065）
	电话：（028）85408311（发行部）、85400276（总编室）
	电子邮箱：scupress@vip.163.com
	网址：https://press.scu.edu.cn
印前制作：	四川胜翔数码印务设计有限公司
印刷装订：	成都金阳印务有限责任公司

成品尺寸：	168 mm×235 mm
印　　张：	9
字　　数：	160 千字

版　　次：	2022 年 8 月 第 1 版
印　　次：	2022 年 8 月 第 1 次印刷
定　　价：	49.00 元

本社图书如有印装质量问题，请联系发行部调换

版权所有 ◆ 侵权必究

四川大学出版社
微信公众号

目　录

1 导　论 ……………………………………………………………（ 1 ）
　　1.1 研究背景 ……………………………………………………（ 2 ）
　　1.2 研究问题 ……………………………………………………（ 11 ）
　　1.3 研究意义 ……………………………………………………（ 12 ）

2 文献与理论分析 …………………………………………………（ 15 ）
　　2.1 文献研究 ……………………………………………………（ 15 ）
　　2.2 理论基础 ……………………………………………………（ 30 ）
　　2.3 文献述评 ……………………………………………………（ 39 ）
　　2.4 本章小结 ……………………………………………………（ 42 ）

3 研究设计 …………………………………………………………（ 44 ）
　　3.1 理论框架 ……………………………………………………（ 44 ）
　　3.2 研究假设 ……………………………………………………（ 46 ）
　　3.3 技术路线 ……………………………………………………（ 48 ）

4 老年人的照料需要及其满足状况 ………………………………（ 49 ）
　　4.1 数据与变量测量 ……………………………………………（ 49 ）
　　4.2 老年人的照料需要及其满足状况的现状及特征 …………（ 53 ）
　　4.3 老年人的照料需要及其满足状况的发展变化 ……………（ 60 ）
　　4.4 小结与讨论 …………………………………………………（ 63 ）

5 失能老人照料需要满足状况的影响因素研究 …………………（ 66 ）
　　5.1 经济、健康与社会支持对照料需要满足状况的影响 ……（ 66 ）
　　5.2 年龄的调节效应 ……………………………………………（ 83 ）

5.3　小结与讨论 ……………………………………………………（88）
6　失能老人未满足的照料需要的健康后果评估 …………………（93）
　　6.1　数据的选择与介绍 ……………………………………………（93）
　　6.2　变量的选取与测量 ……………………………………………（94）
　　6.3　分析方法 ………………………………………………………（97）
　　6.4　研究结果 ………………………………………………………（98）
　　6.5　小结与讨论 ……………………………………………………(102)
7　总结与对策建议 …………………………………………………(105)
　　7.1　主要研究结论 …………………………………………………(107)
　　7.2　失能老人长期照料服务供需匹配的机制与路径 ……………(114)
　　7.3　创新、局限与展望 ……………………………………………(122)

参考文献 ……………………………………………………………(128)

1　导　论

伴随新时代社会主要矛盾的转变，养老领域出现了失能老人对长期照料服务不断增长的需要与现有的服务配置不匹配的矛盾。从社区居家养老服务与机构服务来看，社区居家养老服务利用呈"亲知识分子""亲中高收入群体"及"亲社会资本"的倾向（杜鹏、王永梅，2017）；养老机构已收住失能老人仅占需要入住的失能老人的1/10（吴玉韶、党俊武，2014）。精准照料成为亟待解决的重要议题。

我们通过了解国外的经验发现，发达国家在20世纪80年代也遇到过同样的问题。由于老年人对社会照料的需要受到诸多相互关联的社会、心理因素的影响而难以进行客观的测算，在这样的情况下，老年人自评的未满足的需要则为此提供了很好的线索。已有研究显示，老年人的照料需要得不到满足会进而损害老年人的身心健康，增加其医疗行为（Alonso等，1997；Allen & Mor，1997；Sands等，2006；Arbaje等，2008；Xu等，2012；Allen等，2014）。因此，发达国家尝试使用未满足的照料需要来识别最需要照料的群体，也就是说无人照料或需要更多照料的老年人是社会照料最应瞄准的服务对象。有鉴于此，面对我国失能老人激增且养老服务进入高质量发展的现阶段，进一步健全兜底养老服务，识别失能老人未满足的照料需要及其风险因素以便国家构建精准的服务匹配机制与路径，已到了刻不容缓的地步。因此，本研究将从需要与供给的双重角度出发，构建照料需要满足状况指标，从而评估我国长期照料服务的供需差距，并考察未满足的照料需要的风险因素及其健康后果，最后在此基础上，为我国建立失能老人长期照料服务供需匹配的机制与路径提供对策建议。

1.1 研究背景

人口老龄化是指因生育率降低以及人均预期寿命延长而导致的老年人口占总人口的比例增长的动态。根据国际通用标准，当一个国家或地区 60 岁及以上人口在人口总数中的占比为 10%，或者 65 岁及以上人口占人口总数的 7%，则代表这个国家或地区步入老龄化社会。中国于 2000 年正式步入老龄化社会，是较早进入人口老龄化的发展中国家之一。此后，中国的人口老龄化呈加速上升态势，国家统计局数据显示：2011—2020 年间，65 岁及以上的人口数量逐年增加，并整体呈现加速增长的趋势，老年人口年增长率从 2010—2011 年间的 3.4% 增加到 2019—2020 年间的 8.0%（详见图 1-1）；截至 2021 年年末，中国大陆 60 岁及以上老年人口规模达 2.67 亿，占总人口的 18.9%，其中 65 岁及以上人口规模达 2 亿，占总人口的 14.2%（国家统计局，2022）。据预测，我国 65 岁及以上人口占总人口的比例将于 2025 年左右突破 15%，2050 年前后接近全国人口的三分之一（详见图 1-2）。人口老龄化加剧所带来的庞大的养老问题引起了我国政府与社会各界的关注，尤其是伴随现代化而来的家庭养老功能的弱化，更对我国的社会养老提出了严峻的挑战。

1 导　论

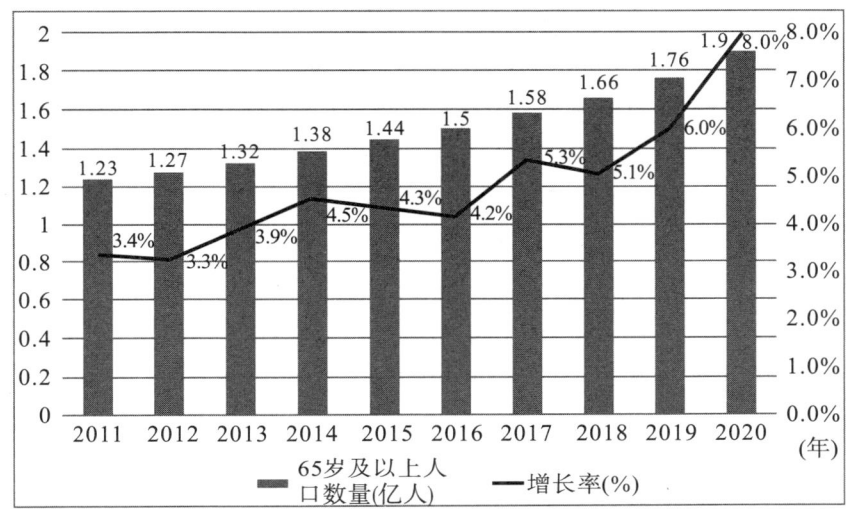

图 1-1　2011—2020 年中国 65 岁及以上人口变化趋势

数据来源：国家统计局，《中华人民共和国 2021 年国民经济和社会发展统计公报》，2022 年 2 月 28 日。

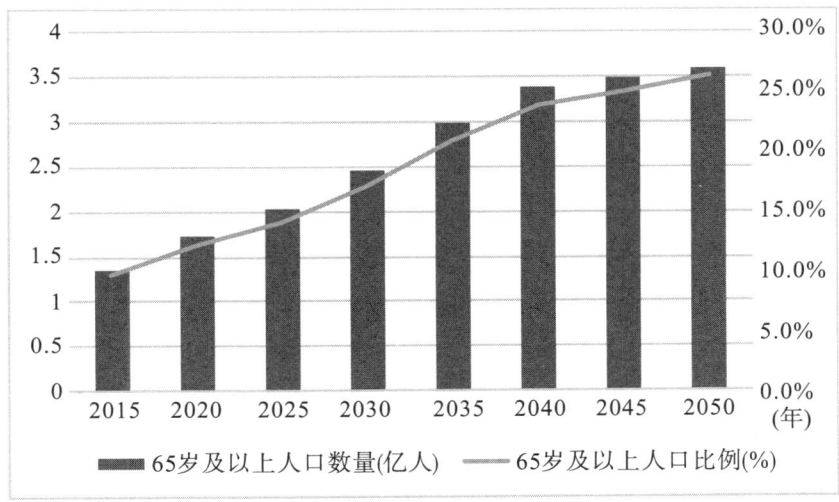

图 1-2　2015—2050 年中国人口老龄化发展趋势预测

数据来源：United Nations Department of Economic and Social Affairs Population Division，World Population Prospects：The 2017 Revision.

1.1.1 老年人带残生存期延长使其照料需要持续增长

过去几十年,随着社会经济的迅速发展,人民生活水平的逐步提高及医疗卫生水平的不断进步,中国从高死亡率走向低死亡率,人口平均预期寿命持续延长,国民整体的健康素质有所提高。国家统计局数据显示,1981—2020年间,中国人口平均预期寿命从67.77岁提高到77.93岁,并且呈现加速提高的趋势(详见图1-3)。从全球范围来看,2020年世界人口的平均预期寿命为72.28岁,其中中等收入国家及地区人口的平均预期寿命为71.43岁,高收入国家及地区人口的平均预期寿命为80.87岁(United Nations Department of Economic and Social Affairs Population Division,2019)。由此可见,中国的人口平均预期寿命远远超出世界平均水平,并接近高收入国家及地区平均水平。

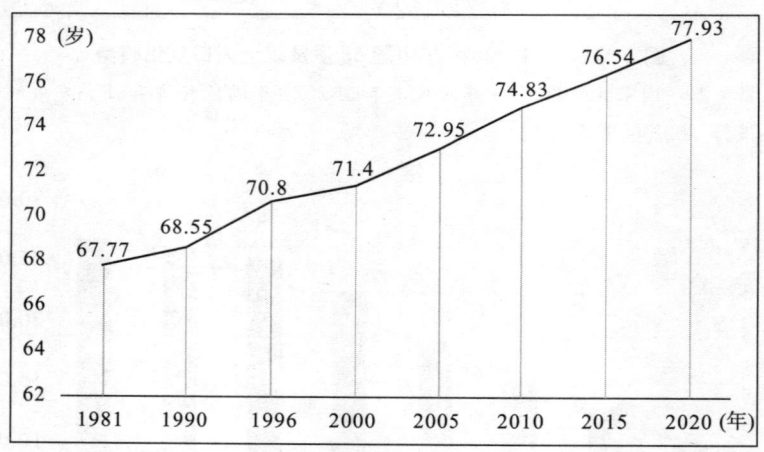

图1-3 1981—2020年中国人口平均预期寿命

数据来源:国家统计局人口和就业统计司,《中国人口和就业统计年鉴(2021)》。

然而,人们活得越来越长并不代表活得越来越健康。有学者利用1994年和2004年国家统计局全国人口变动抽样调查数据分析发现,中国老年人的预期寿命和生活自理预期寿命在1994—2004年间都有所增长,但是生活自理预期寿命在余寿中的比重反而下降了,而且下降幅度在80岁以后显著提高(杜鹏、李强,2006;张文娟、杜鹏,2009)。加之我国的人口老龄化伴随高龄化的趋势(详见表1-1),这也就意味着越来越多的老年人需要照料,而且需要照料的时间更长。中国城乡老人生活状况追踪调查数据显示,2015年15.3%

的老年人自报需要照料服务,比 2000 年的 6.6% 提高了近 9 个百分点(中华人民共和国民政部,2016)。研究显示,2000 年至 2050 年间,我国的失能老人将持续增长,预计将从 653 万人增长到 3730 万人,其年增长率为 3.5%,明显快于全体老年人口的年增长率(2.8%)(详见图 1—4)。此外,北京大学老年人健康长寿调查数据统计显示,中国失智老人的比例也呈上升趋势,截至 2010 年中国有 600 多万老年痴呆患者,约占世界总病例的 1/4,预计到 2040 年将达 2250 万(曹煜玲,2014)。由此可见,失能、失智老人的长期照料需要将持续激增。

表 1—1 2000 年、2010 年和 2015 年中国老年人口年龄构成状况(%)

时间	60—69 岁	70—79 岁	80 岁及以上	合计
2015 年	59.91	28.30	11.79	100.00
2010 年	56.18	32.00	11.82	100.00
2000 年	58.84	31.93	9.23	100.00

数据来源:2000 年和 2010 年数据引自国务院第六次全国人口普查办公室编,《迈向小康社会的中国人口》,北京:中国统计出版社,2014 年;2015 年数据根据 2015 年全国 1% 人口抽样调查数据计算而来。

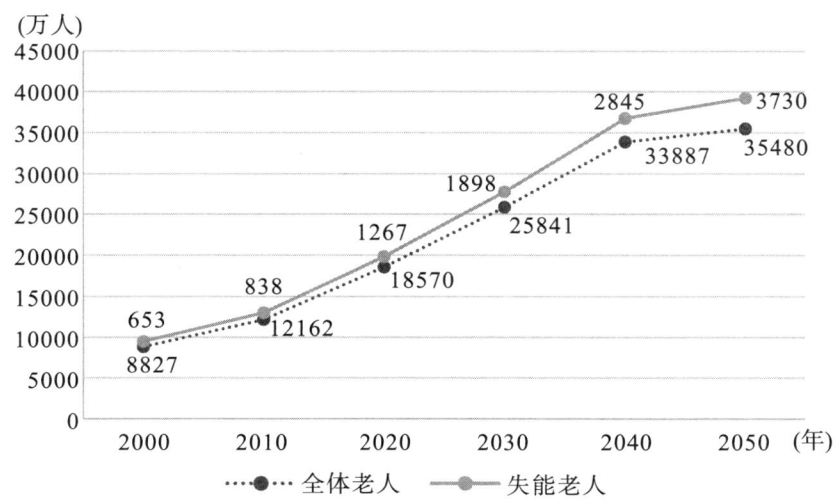

图 1—4 21 世纪上半叶失能老人规模

数据来源:曾毅、陈华帅、王正联,《21 世纪上半叶老年家庭照料需求成本变动趋势分析》,《经济研究》,2012 年第 10 期,第 134—149 页。

1.1.2 家庭照料供需矛盾凸显推动老年长期照料走向社会化

自古以来,由于孝道文化的根深蒂固及社会养老保障制度的缺失,家庭养老是中国最主要的养老方式。赡养父母在中国传统社会有其存在的物质基础。传统社会实行以家庭为主的小农经济,要求家庭成员互相协作、共担风险,从而维持农业经济、降低生活成本、增加家庭收入,因此,家庭作为一个最基本的社会单位,需要承担生产、教育、养老等多种职能。而且,中国传统社会缺乏社会养老保障制度与社会养老服务,国民在老年期面临的经济和健康风险,只能通过家庭成员之间,特别是代际之间的相互帮助来抵御。此外,中国千百年来的孝道文化使家庭养老内化为民众的道德标尺和行为约束机制,家文化和血亲观念也使得中国老年人普遍有一种恋家怀旧的情结。

但是伴随着中国现代化而来的家庭结构转变、家庭关系变迁、代际居住分离、生育率降低以及女性劳动参与提高,现代家庭内部的养老照料需要与供给之间的矛盾逐渐凸显,进而促使养老照料开始走向社会化。随着中国独生子女政策的实施及生育观念的转变,生育率也在降低。20世纪50年代初,中国的总和生育率高于6,粗出生率为37‰;1982年前者降到2.8,后者降到22.3‰;2000年,总和生育率(1.22)低于更替水平(2.1),粗出生率降到14.0‰;2010年,总和生育率(1.18)维持在更替水平之下,粗出生率进一步降为12.1‰(杨菊华、何炤华,2014)。工业化与城镇化进程的加快,也促使人口流动频繁(详见图1-5),加之代际关系和文化观念的变迁,以及老年人自养能力的提高,家庭的居住方式由代际共居走向代际居住分离(曹杨、徐向文、王一笑,2016)。数据显示,2010年的独居老人比例比1990年高出1个多百分点,2010年的老年夫妻户比例约为1990年的两倍(详见图1-6),代际居住分离对养老照料的便利性带来了挑战。生育水平的降低、人口流动频繁及代际居住分离,导致家庭规模逐步变小。1990—2020年间,一人户和二人户逐渐成为中国家庭户的主体(详见图1-7),导致传统的多代户在照料老年人方面的优势被削弱。

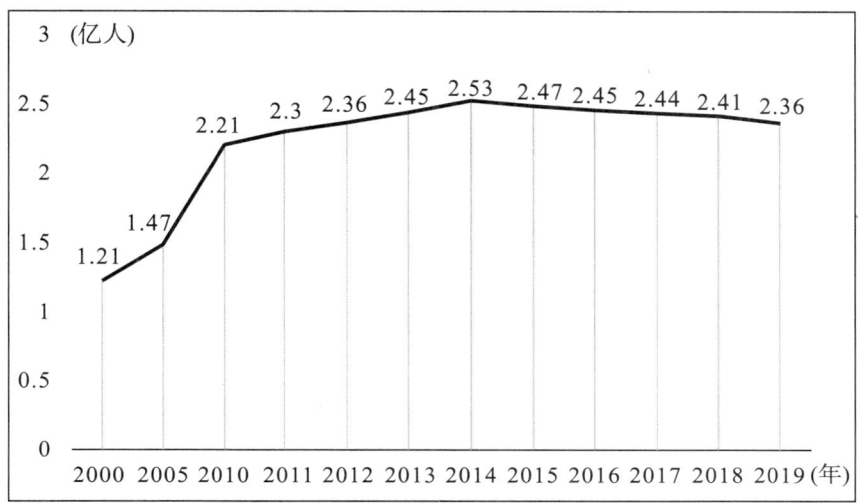

图 1-5　2000—2019 中国流动人口规模变动趋势

数据来源：国家统计局，《中国统计年鉴（2020）》。

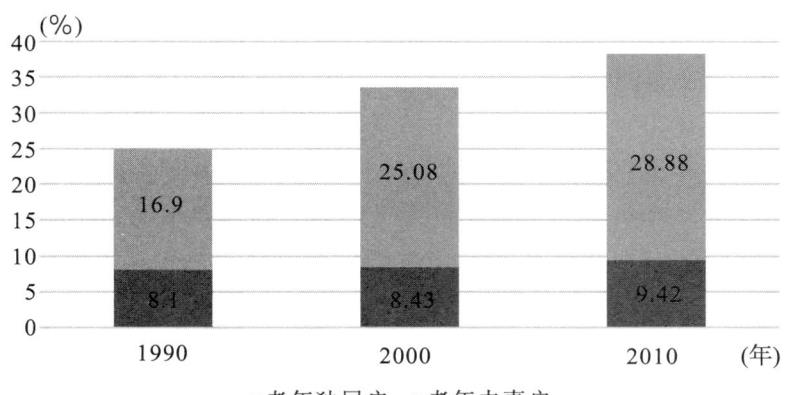

图 1-6　1990—2010 年中国老年空巢家庭的变动趋势

数据来源：姜向群、郑研辉，《中国老年人居住方式的转变及其影响机制分析》，《广西民族大学学报（哲学社会科学版）》，2014 年第 1 期，第 34-38 页。

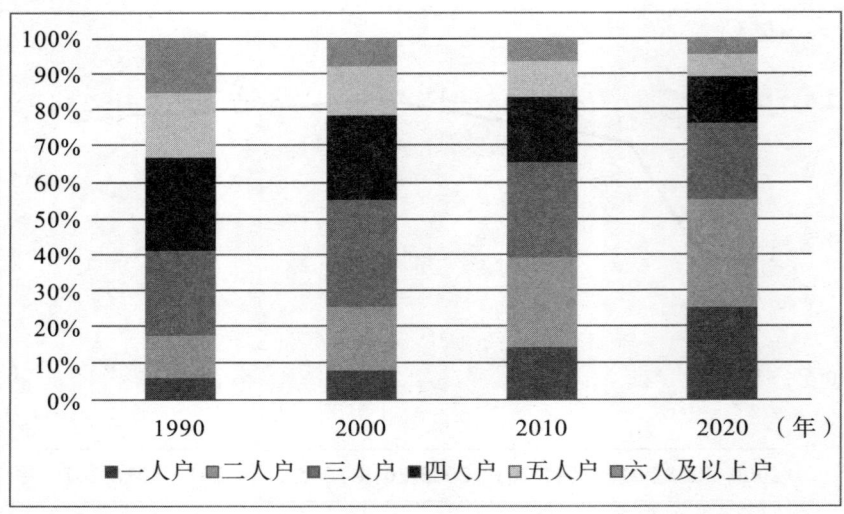

图1-7 1990年、2000年、2010年、2020年中国家庭户类型的变动趋势
数据来源：1990年、2000年、2010年、2020年国家统计局人口普查数据。

"十三五"时期，全面二孩政策累积生育势能逐步释放，生育水平显著提升，由此带来更多的新生人口，并导致少儿抚养压力明显加大，少儿抚养比在这一时期迎来了小高峰，于2020年达到26.24%；与此同时，人口老龄化程度持续加深，2016—2020年，65岁及以上老年人口规模从1.5亿人上升至1.9亿人，老年抚养负担随之不断加重，老年抚养比从"十三五"初期的14.96%攀升至"十三五"末期的19.74%（详见图1-8）。大到整个社会、小到每个家庭，在这一时期都将面临更为严峻的"上有老"且"下有小"的双重压力，特别是新生人口加重年轻人的抚育负担，削弱其在养老上的投入，加剧已经存在的养老问题。而且鉴于人口结构问题的改善与生育政策调整实施之间存在20年左右的滞后期，即使实行宽松的生育政策，我国未来几十年平均每位劳动者的老年照料负担仍会大幅度增长（曾毅、陈华帅、王正联，2012）。据联合国预测，我国的养老负担将超过抚幼负担并加速攀升（United Nations Department of Economic and Social Affairs Population Division，2019）。因此，需要推行社会养老服务，支持家庭积极应对养老负担的增加。

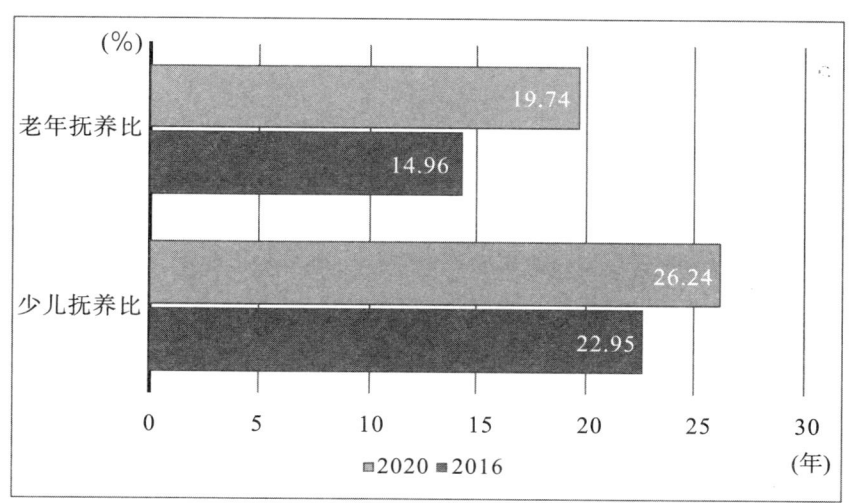

图 1-8　2016、2020 年中国老年抚养比与少儿抚养比的变动趋势

数据来源：国家统计局，《中国统计年鉴（2017）》《中国统计年鉴（2021）》。

1.1.3　照料需要满足信息的缺乏给长期照料精准匹配带来挑战

回溯古今中国养老政策可见，中国的养老服务主要由家人提供，政府提供的养老服务非常有限，而且仅集中于少部分社会福利制度的受益者，如城市"三无"老人与农村"五保"老人。而"三无""五保"人员的资格审查较为严苛，因此能够享受政府提供的社会养老服务的老年人十分有限。民政部相关数据显示，2015 年我国有 6.8 万城市"三无"人员及 516.7 万农村"五保"供养对象（中华人民共和国民政部，2016），二者的总和占 2015 年 60 岁及以上人口数量的比例约为 2.4%，加之"三无""五保"人员不尽是老年人，可见，能够享受政府提供的养老服务的老年人少之又少。无论是公立养老机构还是私立养老机构，当前入住的老年人大多数是自费（Feng 等，2014）。此外，伴随人口老龄化而来的失能老人的同步增加，如果沿用传统的民政福利受益人筛选标准，则会忽视功能障碍这一重要健康指标，从而导致失能老人面临无人照料或照料不充分的困境。

自"十二五"以来，中央及地方政府大力推动社会创办的养老服务发展，相关部委相继出台一系列配套文件，涉及土地供应、财政补贴、税收优惠及养老服务人才培养等，进一步优化养老服务业发展环境。一方面，针对非营利性养老机构给予一次性建设补贴、日常床位补贴及运营方面的税收优惠；另一方面，开始试点给予老年人相关的服务补贴，比如，经济困难高龄老年人津贴制度已实现省级全覆盖，30个省份建立了居家养老服务补贴制度，以及29个省份建立了护理补贴制度（中华人民共和国民政部，2018）。这些补贴虽然难以支付大量的养老照料服务（如各省高龄津贴额度在每月30~500元不等），但是在一定程度上还是能提高需要长期照料的老年人的支付能力（Feng，2017）。纵使政府当下在养老支持上所发挥的作用有限，但社会对政府、家庭与老年人自身在养老中所发挥的相对作用的期待在发生改变，越来越多的人认为政府应该在未来的养老上发挥主导作用（Feng，2017）。2016年，长期护理保险制度作为长期照料服务体系建设的制度保障，在我国部分地区开始试点，并于2020年进一步扩大试点范围。与长期护理保险相配套的老年人综合能力评估将生活自理能力、家庭经济状况及家庭照料资源纳入重要考核标准。至此，我国老年长期照料服务的资助对象选择由以民政福利受益人为主转变为以照料需要为导向。

但是，对于照料需要的衡量并不能单一地从供给侧或需要侧出发，应同时考虑供给对需要的满足情况，而我国照料需要满足信息收集的缺乏，导致长期照料服务对象不精准。国内已有研究对于照料需要的评估大致分为两类：一类是通过失能评估预测需要，认为失能老人是潜在的服务对象（杜鹏、孙鹃娟、张文娟等，2016；黄匡时，2013；景跃军、李元，2014）；另一类是通过询问老人是否需要或是否使用某些服务项目来考察供需匹配情况（郭竞成，2012；王莉莉，2013），但这些评估指标没有考虑已有的家庭或社会照料对需要的满足情况。我国民政部每年发布的社会服务发展统计公报仅仅聚焦于对养老服务供给侧的数量评估，如养老院数量及其床位数、社区养老服务机构和设施的数量及其留宿和日间照料床位数等。从"十二五"到"十三五"，我国的养老服务五年规划虽然从片面强调服务设施数量的建设转向服务设施的结构优化，比如重视私立和公立养老服务机构与设施的平衡发展，强调加强养老服务机构与设施的专业护理功能；然而在设定服务发展目标时，还是单一地从供给侧角度出发，选取每千名老人床位数、政府运营的养老床位数比例及护理床位数的比例作为评估指标，而未纳入照料需要满足状况这一指标。正是研究与实践对照料需要满足状况的忽视，导致了服务对象不精准的问题。研究显示，社区居家养老服务利用呈"亲知识分子""亲中高收入群体"及"亲社会资本"的倾向（杜鹏、王永梅，2017）；养老机构已收住失能老人仅占需要入住的失能老人的1/10（吴玉韶、党俊武，2014）。由此可知，有限的长期照料服务资源并未与最需要照料的老年人相匹配。

为了应对老年长期照料服务对象不精准这一问题，政府在"十三五"期间提出实现养老服务供给侧改革，要求将有限的服务投入到最需要照料的老年人身上，可是如何实现？笔者通过了解国外经验发现，发达国家尝试使用未满足的需要识别最需要照料的老年群体，也就是说，无人照料或者需要更多照料的失能老人才是社会照料最应瞄准的服务对象。而且，照料需要得不到满足会进一步损害老年人的身心健康，增加其医疗行为（Alonso等，1997；Allen & Mor，1997；Sands等，2006；Arbaje等，2008；Xu等，2012；Allen等，2014）。有鉴于此，面对我国失能老人激增且养老服务进入高质量发展的现阶段，进一步健全兜底养老服务，识别失能老人未满足的照料需要及其风险因素，以便国家建立精准的服务匹配机制与路径，已到了刻不容缓的地步。

1.2 研究问题

综上所述，照料需要满足状况的评估是老年长期照料服务实现供给侧改革、发挥最大效用的基础，因此，本研究将系统考察我国目前究竟有多少失能老人无人照料？在既有的家庭与社会照料支持下，还有多少失能老人的照料需要未能得到完全满足？如何实现长期照料服务与失能老人未满足的照料需要精准匹配，是本研究的核心问题。围绕这一核心问题，本研究将依次展开以下研究，从而丰富和深化对这个问题的认识。

第一，失能老人的照料需要满足状况及其发展变化如何？本部分旨在通过把握失能老人照料需要的满足现状、照料需要未满足的群体特征及演变态势，从而帮助识别失能老人长期照料服务的刚需群体。"十二五"以来，我国进入了人口老龄化加速发展时期，社会普遍认为现有的长期照料服务供给跟不上失能老人快速增长的照料需要，为了积极应对人口老龄化，政府大力推动各类社会照料服务设施的建设与供给侧改革。实现长期照料服务的供需匹配，需要综合考虑老年人的健康状况及现有的照料支持对需要的满足状况，明确供需之间的差距。也就是说，我们需要厘清以下几个问题：当前中国究竟有多少需要照料的失能老人？这些失能老人是否获得了照料？对于获得了家庭或社会照料的失能老人来说，他们的照料需要是否完全得以满足？有多少照料需要未能被充分满足的失能老人仍需要更多专业照料服务？具有不同需要满足状况的群体之间具有什么样的差异？照料需要满足状况在过去的十年发生了什么样的变化？该变化在不同的年龄段之间有何不同？对于这一系列问题的答案目前尚不得而知。

第二，什么因素会影响失能老人的照料需要满足状况？本部分意欲重点了解需要照料的失能老人为什么得不到照料支持，或者已经获得的照料支持为什么无法完全满足其需要？只有知道了行为主体为什么会满足或者不满足，才有可能有的放矢地去调整服务供给（即供给侧改革），以实现长期照料服务的供需匹配；此外，进一步明确部分未满足与完全未满足的需要的影响因素的差异，有助于为政府降低失能老人完全未满足的需要与部分未满足的需要提供针对性的干预思路。因此，为了回答这一问题，本部分将对以下四个小问题进行分析：其一，经济状况是否会影响照料需要的满足状况，以及它对完全未满足与部分未满足的需要的影响是否存在差异？其二，健康是否会影响照料需要的满足状况，以及它对完全未满足与部分未满足的需要的影响是否存在差异？其三，社会支持是否会影响照料需要满足状况，以及它对完全未满足与部分未满足的需要的影响是否存在差异？其四，年龄是否在居住方式与照料需要满足状况之间存在调节效应？

第三，照料需要未满足会给失能老人带来什么健康后果？本部分旨在通过验证未满足的照料需要可能会对失能老人的健康造成的负面影响，从而验证照料需要满足状况这一指标的有效性，进而明确这一指标在需求评估与养老服务政策中的重要性，为需求与政策评估纳入这一指标提供依据，同时为失能老人的健康干预提供新的社会面向的视角。那么围绕这一问题，本研究将从生物医学与社会心理两方面了解照料需要未满足是否会影响失能老人的死亡、住院、孤独感以及自评生活质量。

1.3　研究意义

1.3.1　理论意义

老龄化社会的到来，特别是社会福利制度的发展，促使社会养老服务成为东西方社会的普遍诉求，如何科学地供给社会养老服务成为关注的焦点，其中，如何实现服务供给与真正需要照料的服务使用者之间的精准匹配是当务之急。学界关于失能老人未满足的照料需要的探究源于 20 世纪 90 年代，当时美国研究者试图了解在考虑了既有支持的贡献后失能老人依然存在的照料需要，从而有的放矢地调整社会养老照料服务供给，并发展出了未满足的需要的理论模型雏形。该模型由 Allen、Mor 与其同事基于失能评估的理论模型，并结合多项实证研究构建而成。

这一理论为本研究理论框架的提出奠定了基础，但依然存在两点不足：一是该理论模型并未区分无人照料（即完全未满足的需要）与有人照料但仍需要更多照料（即部分未满足的需要）两种情况；二是该理论主要阐述了未满足的需要形成的路径，而没有论及未满足的需要的影响因素以及可能带来的负面后果。考虑到在孝道文化传承和经济发展新常态的当下，家庭照料在较长时期内仍是中国主要的老年照料方式，无人照料的老年人比例很低，但是囿于特殊的人口政策，随着独生子女一代的父母步入老年，无人照料的比例可能会有所增加，并且会随着人口政策的变化而产生相应的变化。因此，本研究做出了符合中国国情的照料需要满足状况细分的开拓性创新，在利用 Allen 等的模型基础上，进一步区分了部分未满足的需要与完全未满足的需要。本研究不仅在理论上拓展了未满足的需要理论，而且进一步利用全国性老龄抽样调查的面板数据，在对数据进行了恰当的剥离与组合的基础上，分析比较了部分未满足的需要与完全未满足的需要的现状、特征与趋势，并着重区分了二者影响因素的差异性，验证了未满足的需要的理论模型拓展的必要性与合理性。最后，本研究纳入了未满足的需要的后果评估，丰富了原有的未满足的需要的理论模型。

1.3.2 现实价值

在人口老龄化的大趋势下，我国老年人带病生存期延长使得照料需要持续增加，而低生育率更激化了家庭照料中照料提供者与需求者之间的矛盾，同时照料需要满足信息的缺乏也对社会照料精准匹配提出了挑战。从"十二五"到"十三五"，养老服务政策的变化显示出，面对我国社会养老服务起步晚，服务设施薄弱等问题，政府大力推动服务设施的建设与供给侧改革；经过这些年的努力，我国健康养老服务体系不断完善，但同时依然面临服务对象不精准的问题。对此，政府出台了《"十四五"国家老龄事业发展和养老服务体系规划》

及其系列政策，持续关注如何使既有的设施发挥最大效用，实现社会照料服务与最需要照料的服务使用者之间的精准匹配，以及政府与市场服务之间的合理分工。那么如何实现上述服务的供需匹配呢？本研究的发现将为这一实践和政策提供思路。

  首先，本研究所构建的照料需要满足状况是健康需要与社会支持互动的结果变量，由它测量得到的照料需要未满足的失能老人则应该是社会照料服务的供给对象，从而帮助社会照料服务瞄准潜在服务使用者，进而为政府聚焦基本养老服务的保障对象、精准把握基本服务供给量提供初步的筛查。其次，本研究将探究照料需要满足状况的影响因素，并区分完全未满足的需要与部分未满足的需要的影响因素的差异，可以为政府降低失能老人完全未满足的需要以及部分未满足的需要提供有针对性的干预思路。最后，本研究将对未满足的需要所带来的健康后果进行评估，从而证明这一指标的有效性与重要性，也就是说未满足的照料需要不仅能帮助识别最需要照料的服务对象，而且也是老年人各方面健康状况恶化的征兆，这一征兆可能是医学诊断无法及时捕捉的，但通过识别未满足的照料需要，我们可以避免老年人将来消耗更多的医疗资源与大额的医疗支出，因此，在未来的需求评估与健康养老政策评估中纳入未满足的照料需要这一指标尤为重要。

2 文献与理论分析

本章将围绕上述提出的三个研究问题,进行国内外相关文献与理论的梳理,并在此基础上评述已有研究的不足,据此找到本研究的立足点,同时为构建本研究的理论分析框架提炼相应的理论依据。

2.1 文献研究

2.1.1 核心概念的界定

(1) 老年人

在发达国家,老年人通常是指 65 岁及以上的人;在发展中国家,60 岁及以上的人通常被称为老年人。但是基于中国人口预期寿命的提高,退休年龄的延迟,并考虑到老年人的照料需要通常是在 75 岁及以后呈指数增长,因此,本研究将老年人定义为 65 岁及以上的人。

根据老年人居住场所的不同,老年人可以划分为居家老人(住在家里)与机构老人(住在养老院)。在养老照料领域,发达国家总体上经历了从第二次世界大战前剩余福利制度下的家庭照料,走向第二次世界大战后福利国家制度下的机构照料,继而步入 20 世纪 70 年代后福利多元主义制度下的社区居家照料。为了避免机构照料的巨大支出,实现"去机构化",发达国家将社区居家照料发展为替代机构照料的另一方式,并从政策上限制这两种照料方式的双重受益资格,比如美国规定入住养老院的老年人就不能享受政府补贴的社区居家养老服务。由此可见,机构照料与社区居家照料从本质到现象都是两种不同的照料方式,那么这两种不同照料方式面向的老年群体的照料需要也不宜相提并论。此外，从我国养老政策提出的"9073"①或者"9064"②来看，居家老人将占老年人口总量的90%以上，因此，本书的研究对象限定为居家老人，即居住在家里的65岁及以上的人。

(2) 照料需要与失能老人

照料需要的探讨起源于健康卫生服务领域。随着人口老龄化加剧，伴随人口老龄化而来的失能老人的增多，催生了专门提供日常生活照料的社会照料服务，老年人的照料需要则相应扩展至社会照料服务领域，本研究所探讨的照料需要则是针对社会照料服务（即由政府、社会或市场提供，而非家庭成员提供的照料服务）提出的。无论是由市场提供的以盈利为目的的照料服务，还是由政府或社会组织提供给弱势群体的福利性照料服务，其服务供给的规划通常都以照料需要的评估为基础（Kane & Boult, 1998）。此处的照料需要更多是一种生理健康需要，表现为是否患病或日常生活能否自理。但是研究显示，与传统的躯体健康相关指标相比，比如是否患有各类慢性疾病，日常生活自理能力能更有效地预测社会照料服务的使用（Mor, 1998），因此学者通常使用日常生活自理能力来判断照料需要并界定失能老人。

对于照料需要的定义首先要理解其产生背后的动机，而社会照料服务的供给则是为了实现这一动机。但现实大多数情况下，并不是照料需要决定社会照料资源的供给，而是可用的社会照料资源决定需要。可用的社会照料资源数量则进一步决定了照料服务供给的目的。服务供给的目的大致分为三类：一是维持或提高老年人的功能发挥，这是大多数社会照料服务供给的源动力；二是促进老年人的健康长寿；三是提高老年人的生活质量（Kane & Boult, 1998）。

不同的主体对于需要的定义是不一样的。当专家评估哪些老年人需要照料服务或哪些老年人符合接受服务的资格时，他们所采用的评价标准与老年人自身及其家人所采用的标准是不一样的，这是因为专家对需要的判定会受到社会对老年人的预期的影响，而这种社会预期与老年人对自身的预期是不一样的。现实中，专家评估的老年人的照料需要通常会高于老年人自身实际要求的照料水平。研究显示，使用居家照料服务的老年人通常倾向于使用比专家建议的服务量更少的照料服务（Kemper, 1990）。

---

① "9073"：指90%的老年人居家养老，7%的老年人在社区养老，3%的老年人在机构养老。
② "9064"：指90%的老年人居家养老，6%的老年人在社区养老，4%的老年人在机构养老。

当照料需要评估用于确定照料服务及其服务补贴的受益者，或用于预测实际的服务使用时，对于照料需要的界定需要有针对性的调整。以美国公共医疗保险制度覆盖的社区照料豁免项目为例，享受这项服务的受益人是通过评估需要机构照料的老年人，即使这些老年人自身并没有入住养老机构的意愿。那么在这种情况下，如果以评估显示的需要机构照料的老年人数量为依据，则会高估老年人对机构床位数的真实需求（Kane & Boult, 1998）。

照料需要面向的服务领域通常分为日常生活照料与健康卫生服务。其中，前者包括日常生活活动（Activities of Daily Living, ADLs）与工具性日常生活活动（Instrumental Activities of Daily Living, IADLs）；后者基于不同的评价主体及评价对象可分为以下三类（Verbrugge & Patrick, 1998）：

一是感知到的需要（Felt needs）与表达性需要（Expressed needs）。感知到的需要是指老年人透过想象及感受来表达自己对某项服务的渴望；表达性需要是指老年人真正寻求得到某项服务，它等同于经济学中的经济需求（Economic demand），即同时包括了老年人感知到的需要与实际的使用愿望。测量这两种需要的指标通常来自关于健康问题与行为的健康调查数据。

二是规范性需要（Normative needs）。它是指由专家依据现行既定的标准判断老年人需要某项服务，通常使用医疗诊断记录以及访谈来测量该需要。

三是比较性需要（Comparative needs）。它是指通过比较接受了某项服务与未接受某项服务的老年群体，以评价服务资源可得性的相对公平性时所产生的需要。这一需要通常通过对不同人口在服务资源可得性相关指标上的比例及风险因素的数据分析而得。

综上所述，本研究在定义照料需要时有两方面的考虑：一是IADLs上的功能障碍很难辨别是由健康问题引起，还是一种诱导性的依赖，比如男女分工造成的男性老人在家务活上的照料依赖更大，那么这种诱导性依赖易导致对照料需要的高估（Li, Morrow-Howell, Proctor, 2006），因此本研究界定的照料需要仅限于ADLs条目，表现为在各项基本日常生活活动中能否自理。二是本研究旨在了解长期照料是否与最需要照料的老年人相匹配，并为实际的社会照料服务供给提供参考而非确定服务使用者的资格，从而维持老年人的功能发挥，帮助其有尊严的生活，因此本研究将照料需要视为一种表达性需要。总体而言，本研究认为照料需要是老年人自报的在ADLs中需要帮助；也就是说，老年人在至少一项ADLs中需要帮助则被判定为失能老人。值得注意的是，本研究中的照料需要概念具有两大特征：第一，对于失能老人来说，无论其个人经济状况如何，照料需要都是刚性要求，而非对服务的单纯渴望，它等同于经济需求（Economic demand）；第二，目前我国失能老人长期照料服务处于发展初期，以家庭照料和长期护理保险（社会保险）支付的社会化长期照料服务为主，仅个人支付或者商业长期护理保险支付的市场化长期照料服务仍是极少数。因此，照料需要区别于经济学中的有效需求（Effective demands）。

（3）照料需要满足状况

一些服务规划者认为诸如患病率、日常生活自理能力等客观的需要测量标准可以用于识别老年人对社会照料服务的需要，而且这些个体需要汇总后可以用于估计整个社区对社会照料服务的需要总和。然而，从需要转换为对实际服务的使用的过程是非常复杂的，因此，虽然大多数卫生服务规划依然遵循需要可以预测服务这一准则，但一些服务规划者强烈质疑"需要"这个概念的效度，他们大多只关注服务的使用这一指标。

卫生服务的提供者通常是正式照料者，如医生、护士等，老年照料服务主要由非正式照料者提供，如家人、朋友等。大量研究显示，失能人口所获得的60%~80%的照料都来自家人和朋友，尤其是在失能老人中，这一结论尤为显著（Mor，1998）。因此，我们在预测老年人对社会照料服务的使用时，需要考虑非正式照料的可得性及其对需要的满足情况。Patrick 和 Peach（1989）首次提出了未满足的需要（Unmet needs）的概念，认为未满足的需要是指失能人口无法被照料所满足的需要。它包括狭义和广义两个面向：狭义的未满足的需要指需要照料却无人照料的情况（Completely unmet needs）；广义的未满足的需要则在狭义的基础上纳入了部分未满足的需要（Under-met needs），即有人照料但既得的照料无法完全满足其需要的状态（Jackson，1991）。前者更多揭示照料资源是否充足，后者则综合反映照料的数量和质量。鉴于专家评估的需要通常高于照料者对社会照料服务的实际使用意愿，Verbrugge 与 Patrick（1998）进一步强调，满足的需要（Met needs）与未满足的需要都是老年人自评的表达性需要而非专家评估的需要，通常通过询问老年人对于既得服务或者需要的服务的评价来测量。

但是，理解未满足的需要时的一大难点在于老年人自评的主观性。有学者认为，老年人所表达的未满足的需要可能并不能反映其真实的健康与照料现状，而只是单纯地希望获得更多的照料，或者仅仅是对现有照料水平的一种无谓的抱怨。对此，Allen 和 Mor（1997）运用调查数据评估了失能老人及劳动年龄失能人口的未满足的需要及其后果。在该项调查中，他们询问了 600 多名失能老人以及劳动年龄失能人口在各项 ADLs 中的需要满足状况，以及因为需要未满足（包括部分未满足与完全未满足）而经历的负面事件，如上下床时因为无人帮助而摔倒。研究发现，30%～50%在某项 ADLs 中具有未满足需要的被访者确实因为没有获得足够的照料而经历了至少一种不良后果。此外，还有研究表明，未满足的需要与社会照料服务的使用率成正比。一方面，对慢性精神病患者的研究发现，每个月去精神健康中心就诊次数越多的患者，越有可能自报在危机管理、社区生活技能等方面存在未满足的需要；另一方面，被访者具有未满足的需要的项目越多，越有可能使用社会照料服务。由此可见，自评的未满足的需要并非无效指标，它在一定程度上可以综合反映失能老人的生理健康需要与照料供给现状，从而为下一步的社会照料服务供给提供指导。

综上所述，并结合前述对照料需要的定义，本研究认为照料需要满足状况是指有照料需要的老年人（即失能老人）对照料的可得性及既得的照料与个人需要匹配程度的评价，包括完全满足的需要与未满足的需要。其中，未满足的需要分为部分未满足与完全未满足的需要。完全满足的需要是指需要照料且有人照料，并且既有的照料完全满足老年人需要的状态；部分未满足的需要是指需要照料且有人照料，但既有的照料未能完全满足老年人需要的状态；完全未满足的需要是指需要照料却无人照料的状态。照料需要满足状况是在同时考虑了非正式支持与正式支持的贡献后反映供需差距的二维指标。因此，本研究将利用照料需要满足状况衡量我国失能老人长期照料服务供需匹配情况，旨在为正式服务的有效供给提供基本依据。

2.1.2 照料需要满足状况的评估

（1）国外文献

在国外，自 20 世纪 80 年代初以来，就有大量实证研究评估失能老人的规模（即日常生活需要照料的老人），但是几乎没有研究评估这些失能老人的照料需要是否得到了满足及满足程度如何。直到 20 世纪 90 年代初，大量关于照料需要的研究开始关注老年人对特定的正式照料服务的未满足的需要，比如居家照料服务、精神健康服务等（Baume, Isaacson, Hunt, 1993；Minihan & Dean, 1990），但是服务提供商逐渐意识到，对于正式照料服务供给的预测必须同时考虑非正式与正式照料服务的贡献,然而现有研究成果中,仅有少数学者统一考察了非正式与正式照料服务的供给对老年人照料需要的满足状况。

1989 年,Manton(1989)首次使用美国 1984 年的全国长期照料调查数据对未满足的需要进行操作化和评估。该调查针对六项 ADLs(包括洗澡、穿衣、如厕、上下床、室内走动、吃饭)分别询问被访者在现实生活中是否独立完成以及是否获得帮助,被访者的答案符合以下两项条件中任意一项则被视为具有未满足的需要:被访者至少一项回答完全无法独立完成;被访者至少一项回答需要帮助却无人提供帮助,也没有使用辅助设施。但是对于如厕与洗澡两项分别还有特殊的规定:大小便失禁则视为在如厕这一项上具有未满足的需要;在调查问卷中填写完全不能自己洗澡,在访谈中却表示有擦洗身体或盆浴,就不算作未满足的需要。通过评估发现,121.2 万居家失能老人在至少一项 ADLs 中具有未满足的照料需要,占全体居家失能老人的 34.6%,也就是说这些失能老人连最基本的照料都没有获得,非正式照料及正式照料都忽视了这些脆弱老人。此外,Manton 还分别计算了在各项活动中未满足的需要的规模与比例,结果显示在六项 ADLs 中,失能老人在如厕一项具有未满足的需要的比例最高,高达 27.9%;在吃饭和室内活动两项上的比例最低,均未超过 2.0%。

但是,长期照料的政策制定者渐渐意识到,我们所测量的某种现象的普及程度会根据对这种现象的定义而发生改变,比如对失能的操作化定义会在很大程度上影响对失能老人的规模的评估(Jackson & Burwell,1990;Manton,1989;Stone & Murtaugh,1990;Wiener 等,1990)。与失能有多种操作化定义一样,对失能老人未满足的需要的操作化定义也并非唯一。为了进一步验证由未满足的需要的定义不同而引起的对未满足的需要的规模预测的差异,Jackson(1991)修正了对未满足的需要的操作化定义,并利用同一数据对 Manton 的测量结果进行了再检验,在此基础上又进一步预测了 1990 年的情况。Jackson 在该研究中分别采用了三种未满足的需要的定义:第一种遵循了 Manton 的定义;第二种去掉了 Manton 关于如厕一项的特殊规定,即大小便失禁不算作未满足的需要;第三种对 Manton 的两项条件进行了分解,认为符合以下两项条件中的任意一项即视作需要未满足,一是在六项 ADLs 中至少一项回答需要帮助却无人提供帮助,也没有使用辅助设施,二是在洗澡、穿衣、如厕三项上至少一项完全无法自己独立完成。第一种定义的评估结果显示:

156.3万居家失能老人具有未满足的需要，占全体居家失能老人的42.2%，比Manton评估的未满足的需要的比例高出近8个百分点。第二种定义的评估结果显示：在删除大小便失禁这一项后，与第一种定义的结果相比，具有未满足的需要的居家失能老人减少了135万人，相应的具有未满足的需要的比例也从42.2%降至8.9%。第三种定义的评估结果显示：具有未满足的需要的居家失能老人的规模进一步降至16.8万，占全体居家失能老人的比例也进一步降至5.2%。再进一步看每一项ADLs上存在的未满足的需要的比例可以发现，虽然Jackson对未满足的需要的定义与Manton的不同，但如厕依然是失能老人存在未满足的需要的比例中最高的一项，吃饭和室内活动仍占比最低。

由此可见，在Manton和Jackson的研究中，对未满足的需要的操作化定义有两点值得注意：一是未满足的需要仅针对ADLs六项条目；二是未满足的需要仅仅指完全未满足的需要，即需要照料却无人照料的情况。在Manton和Jackson的基础上，Kasper等（1998）将未满足的需要的界定范围从ADLs扩展至IADLs，并对精神疾病患者的未满足需要进行了测量，研究发现：3%的被访对象在ADLs上需要帮助却无人照料，10%的被访对象在IADLs上需要帮助却无人照料。

在Kasper研究的基础上，Mor等、Susan和Mor、Kennedy、LaPlante等以及Gibson与Verma纳入对部分未满足的需要的测量，但Mor等在评估时并未区分部分未满足的需要与完全未满足的需要，而是将二者合并为未满足的需要进行统一测量。Mor等（1992）对癌症患者未满足的需要进行了测量，研究发现12%在家务活动中需要帮助的癌症患者具有未满足的需要。Allen和Mor（1997）对比了65岁及以上的人口与65岁以下人口的未满足的需要，研究表明65岁以下的人口在IADLs与交通出行两类活动中具有未满足的需要的比例更高，而且更有可能因为照料支持的缺位而经历负面事件，比如因为无人帮助出行而错过就诊预约。Kennedy（2001）区分了部分未满足的需要与完全未满足的需要，并在18岁及以上的失能人口中评估了在每一项ADLs、IADLs条目上存在的部分未满足的需要以及完全未满足的需要。研究主要有四点发现。一是从每一项ADLs或IADLs来看，有3%~11%的失能人口没有获得照料（即存在完全未满足的需要），有4%~11%的失能人口需要更多的照料（即存在部分未满足的需要），也就是说，有7%~22%的需要照料的人口在至少一项ADLs或IADLs上具有未满足的需要（包括部分未满足的需要与完全未满足的需要）。二是被访者在行动力（Mobility）与做家务（Housework）这两类活动上存在的部分/完全未满足的需要的比例最高：6%需要出行帮助的人口没有获得任何帮助，11%在出行上获得帮助的失能人口仍需更多帮助；7%需要家务帮助的人口却无人照料，近10%在繁重的家务劳动上获得帮助的人口仍需更多帮助。三是仅在一个项目上存在未满足的需要的人数是最多的，约为170万人，此外还有56万人在两个项目上具有未满足的需要，其余的97万人在三项及以上的项目上存在未满足的需要。四是从ADLs、IADLs及Mobility三类活动来看，190万人仅在IADLs上存在部分/完全未满足的需要，其中有超过一半的人只是在家务劳动上具有部分/完全未满足的需要；另外有32万人仅在Mobility上存在部分/完全未满足的需要；剩余97万人仅在ADLs上具有部分/完全未满足的需要。LaPlante等（2004）在18岁及以上的人口中发现，21%在ADLs、IADLs方面需要帮助的人具有未满足的需要。Gibson与Verma（2006）对50岁及以上在ADLs或IADLs上需要帮助的人进行了测量，发现29%的人具有未满足的需要。

（2）国内文献

国内研究在评估老年人的照料需要时普遍采用间接指标，如失能老人规模、老年人患慢性病率，以及自评健康状况等（杜鹏等，2016；黄匡时，2013；景跃军、李元，2014）；但疾病与失能并不必然导致老年人需要社会照料服务，它们之间的关系会受人口学特征（如年龄、性别等）、其他器官的代偿功能、价值观念、社会支持等多种因素的影响（曹杨、Mor，2017）。研究显示，疾病与社会照料服务利用之间没有显著的正向关系。即使疾病导致老年人某一器官的功能障碍，在其他器官拥有代偿能力或者拥有较好的非正式支持时，老年人实际的社会照料需要也不一定会随之上升（Mor，1998）。因此，使用上述间接指标来指导社会照料服务供给，往往容易导致供过于求的现象（曹杨、Mor，2017）。

中国关于照料需要的直接评估起源于对正式照料服务的需要的研究。"十二五"以来，我国大力推动社会养老服务体系建设，并积极鼓励社会养老服务的发展。对此，为了向社会养老服务供给的规划与发展提供指导，有学者开始研究对某项正式照料服务的需要的评估。王莉莉（2013）利用2000年中国城乡老年人口状况一次性抽样调查和2006年中国城乡老年人口状况追踪调查数据，描述了中国居家老年人对上门做家务、上门护理、上门看病、聊天解闷、老年饭桌等十项居家养老服务项目的需要、供给与利用情况，研究发现，被访老人对各项服务的需要比例超过服务的实际供给比例，对服务的实际使用比例低于其供给比例。从表面上来看，这是一种供不应求与利用不足的矛盾现象，但是我们忽略了，此处仅仅是对于正式服务的感知需要的评估，并未考虑非正式服务的支持现状及其对老年人需要的满足情况。由于大多数居家老人有家人照料，因此该研究中的需要评估有可能高估了老年人对正式服务的使用需求。

国内已有的关于照料需要的研究往往忽视了进一步分析现有服务对照料需要的满足状况（曹杨、Mor，2017）。顾大男、柳玉芝（2008）在《老年人照料需要与照料费用最新研究述评》中提及，利用中国老年人口健康调查数据计算可知，我国有 60% 需要照料的老年人的照料需要没有完全得到满足。黄匡时（2014）专门就老年人自评的照料需要满足状况的影响因素进行了初步探讨，但并未汇报未满足需要的规模与比例。黄匡时利用中国老年人健康长寿影响因素调查（CLHLS）2008 年的截面数据，将在六项 ADLs 中至少有一项需要帮助且所获得的帮助能够完全满足其需要的视为需要完全满足，而将"基本满足"与"不满足"的视为需要未满足。由此可见，黄匡时对于未满足的需要的识别仅限于部分未满足的需要，并未考察完全未满足的需要（即无人照料的情况）。顾大男与 Vlosky（2008）利用 CLHLS 2005 年的截面数据评估了老年人未满足的需要，该研究对未满足的需要的定义与上述黄匡时的定义一样，仅指部分未满足的需要，研究发现，中国约有 350 万需要照料的居家老人具有部分未满足的需要，占需要照料的老人的 60%，预计这一规模在 2050 年将攀升至 1600 万人。Peng 等（2015）利用 CLHLS 2005—2008 年的面板数据考察了部分未满足的需要的发展变化，研究发现，虽然具有部分未满足的需要的老年人的比例有所下降，但依然维持在 50% 以上。

2.1.3 照料需要满足状况的影响因素

（1）国外文献

从因变量来看，国外研究在测量未满足的需要时已经对完全未满足的需要与部分未满足的需要进行了区分，但是在进行影响因素分析时，通常只考察了完全未满足的需要的影响因素，或者将完全未满足的需要与部分未满足的需要合并为未满足的需要，并将因变量处理为满足与未满足的 0、1 变量纳入回归模型，从而进行二元逻辑回归分析。只有 Gibson 与 Verma（2006）通过二元逻辑回归比较了完全未满足的需要与部分未满足的需要的差异，研究发现，轻度、中度失能老人比重度失能老人更有可能存在完全未满足的需要，与家人同住的老人比独居老人具有部分未满足的需要的风险更高。

从自变量来看，我们可以将影响因素归纳为以下几个方面：个体的人口学特征（包括性别、年龄、种族、城乡以及地区）、社会经济特征（教育水平与经济状况）、健康状况（包括生理健康与心理健康），以及社会支持（包括非正式支持与正式支持）。

从人口学特征来看，性别、年龄、种族、城乡以及地区与未满足的需要紧密相关，但这种关系并不稳定。一些研究显示，女性更有可能具有部分/完全未满足的需要（Allen，1994；Branch & Jette，1981）；但是至少有一项全国性的研究发现男性老人具有完全未满足的需要的比例略高于女性老人（Jackson，1991）。年龄对老年人未满足的需要的影响方向并不稳定，Jackson（1991）利用全国抽样调查数据分析发现 85 岁及以上的老年人在 ADLs 上具有完全未满足的需要的比例高于 65~84 岁的老年人；然而另一项地方调查显示低龄老人在 IADLs 上具有完全未满足的需要的比例更高（Tennstedt，McKinlay，Kasten，1994）；还有一项地方调查表明，与 65 岁及以上的老年人相比，18~64 岁的成年人在 ADLs 和 IADLs 上具有的部分/完全未满足的需要的比例更高（Allen & Mor，1997）。老年人未满足的需要在不同的种族上存在显著差异，两项区域性的研究发现特定社区的少数民族人口在居家健康服务方面存在更高比例的未满足的需要（Smith & Rapkin，1995；Thomas & Payne，1998），另有一项全国家庭抽样调查显示 18 岁及以上的少数民族人口更有可能在 ADLs 上存在未满足的需要（Kennedy，2001）；另外一项全国性的研究则表明白人老年群体比黑人更有可能在 ADLs 方面存在未满足的需要（Jackson & Doty，1995）；黑人老年人口更有可能因为无人帮助而经历负面事件（Berridge & Mor，2018）。与上述研究相反，Allen 和 Mor（1997）利用美国 Springfield 的地方数据分析发现，性别、年龄与种族等个体的人口学特征与需要照料的人口（包括成年人与老年人）的部分/完全未满足的需要之间没有显著的相关关系。Gibson 与 Verma（2006）关于美国 50 岁及以上的失能居家人口的未满足的需要的研究发现，与中西部地区相比，美国东部与南部地区的失能人口更有可能存在未满足的照料需要，城市失能人口比农村失能人口更有可能存在未满足的照料需要。欧洲国家 2007 年的数据显示，不同城市成年人未满足的卫生服务需要的比例在1%（斯洛文尼亚、比利时）至26%（拉脱维亚、波兰、匈牙利）之间波动（Allin & Masseria，2009）；但也有研究发现未满足的需要在地区与城乡之间不存在显著差异（Jackson，1991；Kennedy，2001）。

经济状况、健康状况及社会支持对未满足的需要具有显著的影响，且结果比较稳健。整体来看，需要公共救助的贫困人口具有部分/完全未满足的需要的风险更高（Siegel，Raveis，Houts，1991），进一步具体到各类活动来看，经济状况能显著预测IADLs和交通出行方面的部分/完全未满足的需要，日常生活费用不足会导致在更多的IADLs条目以及交通出行方面存在部分/完全未满足的需要（Allen & Mor，1997）。健康状况对未满足的需要的影响主要通过失能程度、患慢性病的数量、自评健康状况以及认知状况来表现。Jackson（1991）通过多次修正对完全未满足的需要的定义，测量不同定义下完全未满足的需要的比例，并考察完全未满足的需要与相关因素之间的关系，研究发现，虽然不同的定义会引起评估比例的相应变化，但在进行组间比较时依然能看出一些关系模式，即失能程度越高，居家老人存在完全未满足的需要的比例更高，Mor和他的同事在晚期癌症患者与艾滋病患者中也验证了这一结论。但是，Tennstedt等（1994）的研究发现，失能程度与完全未满足的需要之间的关系在ADLs与IADLs上存在差异，失能程度越高，老年人在ADLs上具有完全未满足的需要的风险越高，但在IADLs上具有完全未满足的需要的风险越低。Allen和Mor（1997）利用美国的地方数据，分别考察了哪些因素会导致18岁及以上的失能人口在ADLs、IADLs及交通出行三大方面存在部分/完全未满足的需要。研究发现，患慢性病的数量与失能程度可以显著预测失能人口在ADLs与IADLs方面的部分/完全未满足的需要，患慢性病数量越多，失能程度越高，失能人口越有可能在更多的ADLs/IADLs条目上存在部分/完全未满足的需要。另有两项研究一致表明，自评健康状况较差的失能人口具有部分/完全未满足的需要的比例更高（Kennedy，2001；Thomas & Payne，1998）。从心理健康来看，有抑郁症的老年人越有可能经历更多因需要完全未满足而带来的负面后果（Xiang，An，Heinemann，2018）。非正式的社会支持对未满足的需要的影响主要通过居住方式、婚姻状况以及提供帮助的人数来表现：独居会增加对正式服务的需要（Rowland，1989），而且独居人口比与家人同住的更有可能产生部分/完全未满足的需要（Jackson，1991；Kennedy，2001；Mor，Allen，Siegel，Houts，

1992a);多项研究表明老年人部分/完全未满足的需要在有无配偶上没有显著差异（Allen & Mor，1997；Jackson，1991；Kennedy，2001），但是在Davey等（2013）的研究中却发现，无偶老人比有偶老人更有可能产生完全未满足的需要；与需要时能提供帮助的人数在三人以下的被访者相比，提供帮助的人数在三人及以上的人具有部分/完全未满足的需要的风险更小（Allen & Mor，1997）。Davey等（2013）利用老年人获得居家养老服务的比例、平均每个老年人每月接受居家养老服务的时长以及养老院入住率等指标，考察了正式支持对完全未满足的需要的影响，结果显示仅养老院入住率具有显著影响，养老院的使用显著降低了老年人无人照料的风险。Komisar等（2005）通过研究美国的公共医疗保险制度（Medicare）与公共医疗救助制度（Medicaid）的双重受益人的完全未满足的需要发现，政府补贴的居家照料服务使用率越高的州，无人照料的老年人比例越低。

（2）国内文献

国内目前就照料需要或者正式服务利用相关因素的实证探讨较多，但针对老年人的照料需要满足状况的影响因素的实证研究较为缺乏，并且这些研究只探讨了部分未满足的需要的影响因素。另有一项研究虽然区分了部分未满足的需要与完全未满足的需要和相关因素的交互关系，但并未进一步探究其因果联系。通过对上述探讨因果关系的实证研究的分析，我们可以将照料需要满足状况的影响因素归纳为以下几个方面：个体的人口学特征（年龄、性别、民族、城乡与地区）、社会经济特征（教育水平、职业、经济状况）、健康状况（失能程度）、社会支持（居住方式、婚姻状况、健在子女数、医疗卫生服务的可及性）。

顾大男与Vlosky（2008）利用CLHLS 2005年的截面数据考察老年人部分未满足的照料需要及其相关因素之间的关系，该研究将需要满足与否作为因变量纳入二分类逻辑回归模型。研究发现，人口学特征中只有民族、城乡与地区与照料需要满足与否显著相关，汉族老人、城市老人具有部分未满足的需要的可能性更低；除了东北地区，其他地区老人都比北方老人更有可能具有部分未满足的需要。社会经济特征与部分未满足的需要没有显著相关。除了婚姻状况，其他的社会支持相关变量都与部分未满足的需要联系紧密，社会支持能显著降低老年人部分未满足的需要的风险，子女数越多、与家人同住、需要时能够获得医疗服务的老年人具有部分未满足的需要的可能性更低。与上述国外研究结果相一致，人口学特征与未满足的需要基本没有显著相关（民族和地区例外）；社会支持能有效降低需要未满足的风险。与国外研究不同的是，经济状况与老年人未满足的需要不存在显著相关；此外，基于我国的城乡二元差异，该研究还纳入了城乡这一变量，且证明了未满足的需要存在显著的城乡差异。

黄匡时（2014）采用与顾大男等相同的方式定义和测量照料需要满足状况。不同的是，在自变量的选取方面，黄匡时在顾大男等研究的基础上删除了测量正式支持的相关变量（需要时是否获得医疗服务），另外纳入了健康状况（失能程度）以及照料者的相关状况（包括主要照料者、照料者的表现与照料费用的主要承担者），并且换用了 CLHLS 2008 年的截面数据进行分析。研究发现，生活来源越充足、照料者越有耐心，老年人的照料需要越有可能得到满足。与顾大男等的研究结果相一致，老年人的需要满足状况在人口学特征上没有显著差异。相反，该研究与顾大男的研究结果存在两方面的差异：一是居住方式与未满足的需要之间的关系不显著，二是经济状况与老年人未满足的需要显著相关。此外，该研究与上述国外研究在健康状况上的结果存在差异，该研究显示失能程度与照料需要满足状况没有显著的相关关系。

在上述横向研究对部分未满足的照料需要及其相关因素的相关关系进行分析的基础上，Peng 等（2015）利用 CLHLS 2005—2008 的纵向调查数据，进一步探讨了社会经济特征、健康状况以及社会支持与部分未满足的照料需要之间的因果关系。研究结果与前述研究基本一致，社会经济特征、健康状况与社会支持能显著预测照料需要满足状况。具体而言，经济独立、失能程度较低、自评健康状况较好、与家人同住及照料者有耐心，能显著降低老年人具有部分未满足的需要的风险。但是该研究仅聚焦于 80 岁及以上的老年人口，结论是否适用于中/低龄老人尚不得而知。此外，该研究和上述国内研究一样，都没有将完全未满足的照料需要纳入分析范畴。

另有一项研究虽然探讨了部分未满足的需要与完全未满足的需要和相关因素的交互关系，但并未进一步考察其因果关系。曹杨和 Mor（2017）运用 2014 年的 CLHLS 数据，从社会人口特征、失能程度、城乡以及地区的角度比较了居家失能老人完全满足、部分未满足以及完全未满足的需要比例的差异，并进行了卡方检验。研究发现，生活来源不够用的居家失能老人具有部分未满足与完全未满足的需要的比例更高；但失能程度和居住方式与部分未满足的需要、完全未满足的需要之间的关系存在差异，中/重度失能老人具有部分未满足的需要的比例更高，而轻度失能和独居老人具有完全未满足的需要的比例更高。由此可以推测，健康状况与社会支持对部分未满足与完全未满足的需要的影响也许存在差异。

2.1.4 未满足的照料需要带来的健康后果

(1) 国外文献

Alonso 等（1997）利用 1986—1991 年巴塞罗那健康访谈调查的面板数据，运用生存分析方法探究了西班牙居家老人未满足的卫生服务需要与死亡率之间的关系。该研究认为，当被访者自评健康状况不好，或患有两项及以上慢性疾病，或者至少在一项 ADLs 中需要帮助，则被定义为需要卫生服务。而在这些需要卫生服务的被访对象中，如果他们在过去 12 个月并未就诊，则被视为具有未满足的需要。研究结果表明：10%~25%的被访老人对于卫生服务具有未满足的需要；并且需要未满足的老年人比需要满足的老年人具有更高的死亡风险。具体来看，在至少一项 ADLs 中需要帮助的被访老人中，需要未满足的老年人的死亡率是需要满足的老年人的 2.55 倍；对于患有两项及以上慢性疾病的老年人来说，需要未满足的老年人的死亡率是需要满足的老年人的 1.8 倍；自评健康状况不好的老年人，如果需要未满足，其死亡风险比需要满足的老年人高 1.1 倍。

在卫生服务领域的研究基础上，还有学者将未满足的需要可能带来的健康后果的相关研究扩展到了日常生活照料领域，并发现照料需要未满足可能进一步损害老年人的健康状况，增加其医疗行为。Xu 等（2012）利用 1994 年、1999 年与 2004 年三期的美国长期照料调查的面板数据，考察在 ADLs 具有未满足的需要是否会增加老年人的死亡风险。该研究将自变量未满足的需要处理为满足与不满足的二分类变量，其中，未满足的需要是指无人照料，或者有人照料但需要更多照料的状态。通过 Cox 比例风险回归分析发现，在控制了其他变量后，具有未满足的需要的失能老人比需要满足的失能老人的死亡风险高出 14%。同样的结论在多项研究中得到了验证（Arbaje 等，2008；Sands 等，2006）。此外，未满足的照料需要不仅会削弱老年人的健康状况，还会增加其医疗行为，包括看急诊、住院以及入住护理院等（Gaugler 等，2005；Long，King & Coughlin，2005；Shapiro & Taylor，2002）。而且 Depalma 等

(2013)利用与Xu等相同的数据,对未满足的需要采用同样的操作化定义,并使用同样的分析方法研究未满足的需要与再次住院的关系,结果发现,未满足的需要会增加再次住院的风险。

国外有关未满足的需要的健康后果研究除了上述的因果分析,还有一些描述分析,研究发现照料需要未满足会促使老年人经历更多的负面心理体验,降低其生活质量。Allen和Mor(1997)在美国的Springfield随机抽取了632名失能人口进行问卷调查,询问是否因为在ADLs或者IADLs上无人帮助而经历了相应的负面心理体验与生活事件,包括痛苦、孤独、卧床不起、无法在室内活动、无法外出、挨饿、不能洗澡、如厕弄脏衣服、衣衫不整、没有换洗衣服、没有日常生活用品、误服药物,等等。调查发现,超过四分之一在"如厕"一项需要帮助的受访者因为无人协助去厕所或者没有使用床上便盆而弄脏衣服;同样有超过四分之一在"洗澡"一项需要帮助的受访者由于没有获得帮助而长期不能洗澡;约四分之一在"上下床"一项需要帮助的受访者由于没有人辅助而摔倒;近四成在"家务活"一项需要帮助的受访者由于无人帮忙而陷入无法完成家务劳动的痛苦之中;分别有25%与33%在"乘坐公共交通"一项需要帮助的受访者由于没有获得出行帮助而错过就诊或者无法外出参加娱乐活动。此外,研究还显示,需要未满足的受访者经历各项负面事件的风险是需要满足的受访者的2.5~15.5倍。此后,Mor与他的同事在NHATS的问卷设计中也使用了同样的问题条目,Allen等(2014)利用NHATS数据在Medicare与Medicaid双重受益人与Medicare受益人之间比较未满足的需要所带来的负面后果,研究表明,超过200万在ADLs上需要帮助的居家老人由于没有获得帮助而经历了负面事件,如上厕所弄脏衣服;另有超过200万在IADLs上需要帮助的居家老人由于没有获得帮助而经历了负面事件,如无法购买日常生活用品;还有超过300万在Mobility上需要帮助的居家老人由于没有获得帮助而经历了负面事件,如长年卧床不起;Medicare与Medicaid双重受益人更有可能因为没有获得帮助而经历十一项负面事件中的六项,也更有可能在所有三大类活动中经历至少一项负面事件。

(2)国内文献

国内已有研究较多关注是否需要照料以及是否使用服务的影响因素,而较少关注未获得服务可能带来的影响,目前少有的几篇研究聚焦于未满足的照料需要与死亡的关系。Zhen等(2015)利用CLHLS 2005—2008年两期的面板数据，运用指数参数风险回归方法，分析了中国居家老人在六项 ADLs 方面存在的未满足的照料需要与死亡率之间的关系。在自变量的测量上，该研究认为，当被访者至少在一项 ADLs 中需要帮助且该帮助持续了 90 天及以上，则被定义为需要长期照料。而在这些需要长期照料的老人中，如果他们表示既有的长期照料无法完全满足其需要，则被视为具有未满足的需要。研究结果表明，与照料需要满足的老年人相比，照料需要未满足的老年人死亡的风险高出了约 10%，而且这一风险对照料需要未满足的女性老人以及城市老人来说更高。这一结论在陈宁（2020）的研究中也再一次得到了印证。与国外研究有所不同的是，除了探讨未满足的照料需要与死亡之间的关系，Hu 等（2019）利用 CHARLS 两期的面板数据分析还发现，未满足的照料需要会加剧农村老年人的抑郁症状。

通过上述对国内外文献的回顾可知，照料需要未满足不仅会进一步损害老年人的生理健康，而且会使其经历更多的负面心理体验与生活事件，从而降低其生活质量。这为本研究选择未满足的照料需要的健康后果指标提供了现实依据。

2.2 理论基础

2.2.1 健康老龄化理论

健康老龄化最早由欧洲老年医学界提出。欧美学者对个体生理和心理衰老进行了多年的研究，结果发现个体的身心衰老虽不能逆转，但可以延缓和推迟，并据此提出了健康老龄化的理念（邬沧萍、姜向群，2011）。此后，1990 年世界卫生组织将健康老龄化作为一项应对人口老龄化的战略提上日程。此时的健康老龄化从生物医学的角度出发，强调病理性的衰老是导致生活自理能力降低与健康寿命缩短的关键，要求从疾病预防与健康促进的角度实现健康老龄化。

虽然老龄人口的健康问题通常源于疾病与功能障碍，但疾病与功能障碍是否会影响其日常生活能力则具有较强的复杂性，因而对于老年人健康状况的评估不应简单地考虑单个疾病或功能障碍存在与否。对此，世界卫生组织于

2015年发表《关于老龄化与健康的全球报告》,并在报告中对"健康老龄化"做出了新的界定。该报告指出"健康老龄化是发展和维护老年健康生活所需的功能发挥的过程"(世界卫生组织,2015)。其中,内在能力(intrinsic capacity)是基础,功能发挥(functional ability)是核心。内在能力意指由基因遗传、个体特征及健康行为所导致的生理健康与心理健康的总和。功能发挥是指促进个体按照自我价值和偏好来生活的健康相关因素,这些因素包括内在能力、支持性的环境及内在能力与环境的互动。此处,支持性的环境既包括价值观、社会政策等宏观环境,也包括家庭、社区及社会支持等微观环境(杜鹏、董亭月,2015)。由此可知,健康老龄化不再是指无疾病状态,更多的是在已有的社会支持下保持功能正常运转。也就是说,健不健康、需不需要照料是一个包含健康状况与社会支持的二维概念,单一的失能、有无慢性疾病等生理健康测量指标只能反映其生理健康需要,并不能有效预测其服务使用的需要(Arnsberger, Fox, Zhang, Gui, 2000)。综上所述,健康老龄化为本研究提出照料需要满足状况这一概念提供了理论基础。

2.2.2 失能评估的理论模型

失能(Disability)的提出源于工伤赔偿的需要,当时的失能是指伤病所造成的器官、肌肉或四肢受损。英国和德国最初的工伤赔偿制度是基于对四肢和其他身体部位因伤病造成的损伤的评估。其中,失去手臂被作为失能程度(Percent of disability)的评估基准,例如英国医学审查委员会将失去手臂判定为60%的失能程度(McCrostie & Peacock, 1984)。而对于同样失去手臂的两名员工,不管失去手臂是否影响他们的正常生活,他们所被判定的失能程度都是一样的。由此可见,最初对失能的概念界定及操作化测量都是以医学模式(Medical model)为基础,只考虑人体器官受损,而不考虑器官受损对个体实现社会功能所带来的限制。

20世纪70年代,世界卫生组织继而提出了失能的疾病医学模型(Disease-based model)(详见图2-1),明确了从疾病到失能的形成路径,并在该模式下对失能做出了新的定义,认为失能是指人体器官受损所导致的个体无法完成从日常生活照料到社会角色实现等一系列社会预期的活动(Wood P, 1980)。可见,在疾病医学模型的指导下,此处对失能的界定比前述的定义更进一步:一方面,综合考虑了器官受损及其对个体社会功能的影响;另一方面，纳入了社会心理因素，认为社会心理因素会调节伤病与社会活动能力之间的关系（Mor，1998）。然而这一模式依然存在三方面的局限：一是与生理疾病造成的失能相比，精神疾病造成的失能易被忽视；二是此处对失能的定义确切来说是指功能障碍（Functional limitation），它给失能人口贴上了"残疾""依赖"等消极标签，而忽视了支持性社会环境可能对这种功能障碍带来的积极影响（Wood，1980）；三是人们对失能的判定依然以疾病诊断为基础，而将病理以外的社会因素最小化。但是疾病与失能之间并非简单的线性关系，研究显示，疾病与失能之间的关系会因人口学特征、社会心理以及环境等因素而产生差异。例如，Verbrugge 和 Patrick（1998）比较了同一疾病与失能之间的关系在不同年龄和性别上的差异，研究发现，关节炎对失能的预测作用在 26.5% 的 65 岁及以上的女性群体中成立，但只在 11.5% 的 18～44 岁的女性群体中被证实；此外，缺血性心脏病对失能的预测作用在高达 44.1% 的 18～44 岁的男性中成立，但只在 18.5% 的同龄女性中得以证实。

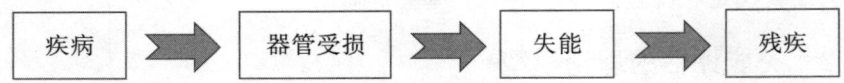

图 2-1　疾病医学模型（Disease-based model）

资料来源：Kane R. L., Boult C. "Defining the service needs of frail older persons", in Allen S., Mor V., eds., *Living in the Community with Disability: Service Needs, Use, and Systems*. New York: Springer Publishing Company, 1998, pp. 15-38.

随着对失能与照料服务使用之间的关系的探索，20 世纪 80 年代初期，美国医学研究所（Institute of Medicine）在疾病医学模型的基础上提出了失能的功能障碍模型（Functional impairment model）（详见图 2-2）。该模型认为，失能是指在特定的本应由自己独立完成的日常活动上需要帮助（Mor，1998）。与疾病医学模型相比，该模型有以下两方面的贡献。一是对失能的定义区分了功能障碍与失能。功能障碍的内涵是指个体对自己能力的判断（Capacity to perform），即能否完成特定日常活动；失能的内涵为个体实际的行为（Actual performance），即现实生活中是否自己独立完成特定的日常活动（Kane & Boult，1998）。二是细化了疾病与失能的关系，明确了伤病所造成的器官受损与失能的关系会受到功能障碍的影响，而器官受损与功能障碍之间，以及功能障碍与失能之间也并非简单的线性关系，而是受到个体、家庭、社会环境等多元因素的调节。

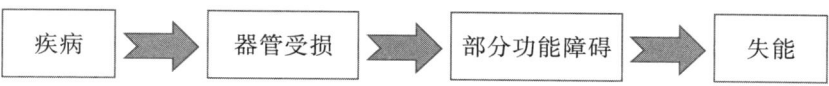

图 2-2　功能障碍模型（Functional impairment model）

资料来源：Kane R. L., Boult C. "Defining the service needs of frail older persons", in Allen S., Mor V., eds., *Living in the Community with Disability：Service Needs, Use, and Systems*. New York：Springer Publishing Company, 1998, pp. 15-38.

依据功能障碍模型对失能的定义，随即发展出了对失能的新的测量方法与判定标准。国际上通用的评估方法是：针对六项 ADLs 项目，分别询问个体在实际完成以上六项活动时是否需要他人帮助。如果被访者回答至少一项"需要帮助"，则判定为失能；如果全部回答"不需要帮助"，判定为完全自理。其中，1~2 项 ADLs 需要帮助为轻度失能，3~4 项 ADLs 需要帮助为中度失能，5~6 项 ADLs 需要帮助为重度失能。多项研究利用对失能的这一测量方法，通过实证研究证明，失能程度与老年人入住养老院、使用社区居家养老服务显著正相关。失能程度越高，老年人入住养老院、使用社区居家养老服务的可能性越大（Weissert & Harris, 1998）。

至此，失能评估的理论模型由传统的病理诊断，走向疾病医学模型，继而转为功能障碍模型；失能评估的初衷亦由最初的用于工伤赔偿对象的筛选，走向用于社会照料服务的受益对象的筛查；而关于失能的评估也开始考虑功能障碍对日常生活的影响。由此可知，失能的形成路径错综复杂，失能老人的脆弱性具有较强的内部异质性，因此，不同的失能老人，对社会照料服务的需要差异也较大，不能简单地将失能老人规模作为长期照料服务的需求评估指标。

2.2.3　未满足的需要理论

20 世纪中期以来，随着发达国家步入人口老龄化社会，以及失能老人数量的增加，针对失能老人的长期照料服务在发达国家开始形成并快速发展，与服务供给紧密相关的需求评估则成为研究热点。因此，为了发挥社会照料服务的成本效益，服务供给商在考虑了失能人口可获得的家庭照料后，开始关注其仍未满足的需要，以期识别最需要社会照料服务的潜在服务使用者。基于这种现实需要，学者们开始探讨未满足的需要的理论分析框架。

Kane 和 Boult（1998）扩展了失能的功能障碍模型，进一步探讨了失能与照料需要之间的关系。Kane 和 Boult 认为，失能不一定会导致对正式照料服务的有效需求，二者的关系受多种因素的调节，包括感知到的污名化、支付能力、社会支持以及对服务的知晓度等。Mor（1998）在此基础上进一步指出，对社会照料服务的需要不能片面地询问个体是否需要某项照料帮助，因为这种自评照料需要并非一个简单的概念，它可能低估或高估对社会照料服务的实际使用情况，这种供需错位主要表现为以下两个方面：一是一些失能人口可能囿于面子而隐瞒自己对某项照料服务（如大小便是否需要帮助）的真实需求；二是一些失能人口自报需要某项照料服务可能只是针对政府提供的免费服务，相反如果是自费，他们则不会使用该服务。因此，为了精准识别长期照料服务的潜在使用群体，需要从供需匹配的角度考察失能人口能否在帮助下完成日常生活活动。

虽然失能无法有效预测对正式照料服务的使用，但是失能程度与未满足的需要之间呈显著正相关（详见图 2—3）。Kane 与 Boult（1998）对关于老年人未满足的照料需要评估的研究进行了总结，结果发现，虽然未满足的需要的比例与规模会根据不同的未满足的需要的定义而改变，但是在各类定义下，失能程度越高的老年人具有未满足的需要的比例都越高。Mor 与他的研究团队在针对患有晚期癌症和艾滋病患者的研究中也发现了同样的结论（Mor，1998）。Allen 等（2014）在此基础上进一步从供需匹配的角度出发，强调照料需要能否得到满足、个体能否在帮助下完成日常生活活动取决于照料资源的可得性。对于具有同等失能程度的老人们来说，如果既得的照料支持越充足，那么照料需要的满足程度可能更高，使用社会照料服务的可能性越低；相反，如果他们获得的照料支持越少，那么他们存在未满足的需要的风险就越大，其使用社会照料服务的可能性就越高（详见图 2—4）。据此，Allen 构建了从失能到未满足的需要的形成路径（详见图 2—5）。也就是说，照料需要根源于健康状况，但未满足的需要更多是因为社会支持的缺位而引起的。研究显示，具有未满足的需要的项目越多，越有可能使用社会照料服务（Mor，1998）。因此，与患慢性病率、失能老人的规模、自评健康状况等一维的健康指标相比，未满足的照料需要作为反映供需差距的二维指标，能更为有效地识别最有照料需要的老年群体，有效促进服务供给侧改革。综上所述，未满足的需要理论为本研究构建照料需要满足状况的指标提供了理论基础。

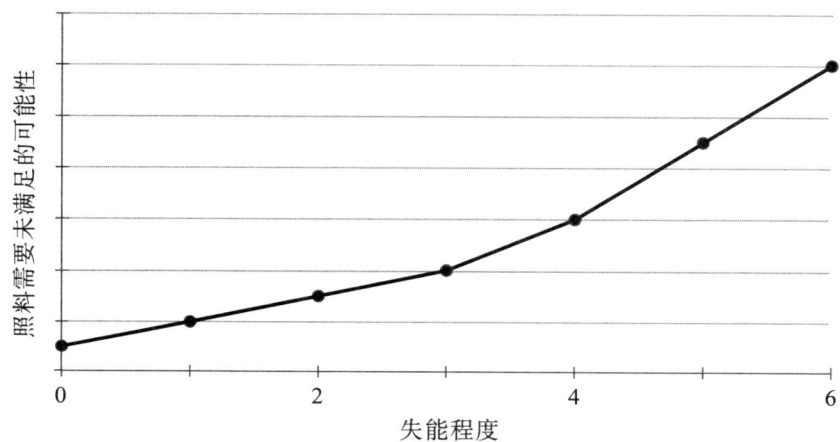

图 2—3　分失能程度的未满足的需要的比例（%）

资料来源：Mor V. "A modern lexicon of disability", in Allen S. Mor V. eds., *Living in the Community with Disability： Service Needs, Use, and Systems.* New York：Springer Publishing Company, 1998, pp. 353—371.

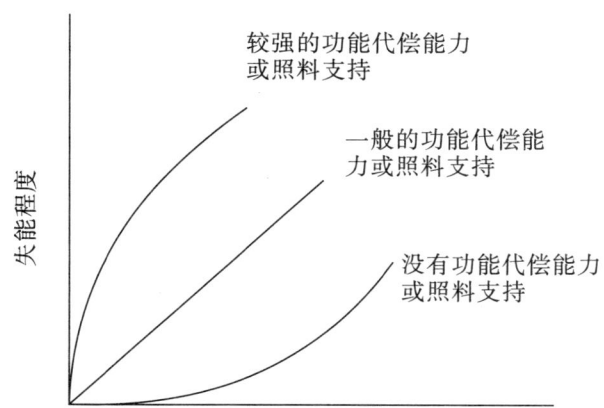

图 2—4　失能程度与社会照料服务使用之间的关系

资料来源：综合 Jackson（1991）与 Mor 等（1992a, 1992b）对老年人口以及患病人口的失能程度与未满足的照料需要的关系的研究成果。

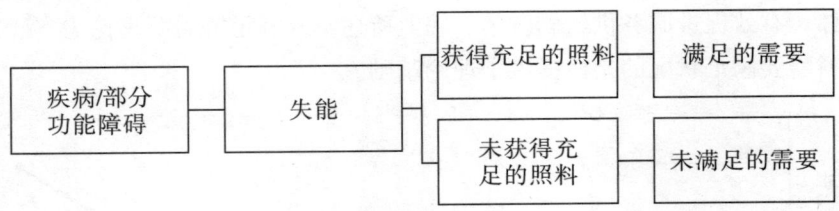

图 2-5 未满足的需要的形成路径

资料来源：Allen S., Piette E., Mor V. "The adverse consequences of unmet need among older persons living in the community: dual-eligible versus Medicare-only beneficiaries", *The Journals of Gerontology*, Series B: *Psychological Sciences and Social Sciences*, 2014, 69 (1): SS. 51-58.

2.2.4 安德森卫生服务利用模型

安德森卫生服务利用模型从个体和社会两个层面对影响个体是否使用卫生服务利用的因素进行了分析，认为前倾因素、使能因素和需要因素等可以影响个体的医疗卫生服务利用。其中，前倾因素是指健康问题发生前就已经存在或不易改变的特征，比如基因遗传、人口学变量（包括性别、年龄、婚姻状况等）、健康生活方式、卫生服务利用经验、社会环境以及对于医疗卫生、医生和疾病的态度与观念等。使能因素主要是促进或阻碍服务利用的社会经济因素，包括收入、医疗支出、医疗保险以及服务资源的可获得性等。需要因素是指个体的健康水平及其对于健康的主观感受，比如所患疾病、日常生活能否自理、认知能力、自评健康状况等。

这一理论虽然起源于卫生服务利用领域，但此后很多学者用其分析社会养老服务的利用。卫生服务与社会养老服务都是大多数健康状况恶化的老年人可能使用的正式服务，因此安德森卫生服务利用模型在一定程度上为我们研究老年人社会养老服务的利用提供了基本思路。本书所研究的完全未满足的需要是关注需要照料的老年人有没有获得照料支持，其中的照料支持就包括正式照料服务，换句话说，也就是分析需要照料的老年人有没有使用正式照料服务。从这一层面来看，我们可以借鉴这一模型选取照料需要满足状况的部分影响因素（如人口学变量、社会经济因素与健康相关变量）。但我们必须注意到，用这一模型选取照料需要满足状况的影响因素时存在较多的局限：一是这一模型只探讨了是否使用服务的影响因素，并未涉及使用服务后哪些因素会影响既得服务对需要的满足，也就是说该模型无法为提炼部分未满足的需要的影响因素提供理论指导；二是这一模型只关注了正式服务利用的影响因素，并不涉及非正式服务供给的影响因素，而本书所研究的是否获得照料服务既包括正式照料又包括非正式照料，而且中国老年人的养老照料以非正式照料为主，因此考察哪些因素会影响非正式照料者提供照料尤为重要，这可从下述老年迁移生命周期理论与家庭现代化理论中找到线索。

2.2.5 家庭现代化理论

家庭现代化理论的主要内容表明，伴随现代化进程中的人口转变与工业化、城市化以及家庭政策的推行，家庭也经历了深刻的变革过程，而且这一变革过程具有既定特征。这些特征的出现，表明家庭实现了由传统向现代的转变。由于养老是传统家庭的主要功能之一，所以现代化进程对于家庭的影响无疑也会波及家庭养老功能的发挥。

20世纪60年代，西方家庭现代化理论在家庭社会学研究领域占据重要地位。当时的家庭现代化理论以家庭结构为核心标准来判定家庭的现代化，认为与传统家庭以大型的扩展家庭为主相比，现代家庭以小型的核心家庭为主（唐灿，2010）。20世纪60年代之后，这一经典家庭现代化理论受到质疑，有实证研究对传统社会的大家庭神话进行了证伪，并指出现代家庭与传统家庭的核心差异在于家庭关系的变迁而非家庭结构，主要表现为夫妻轴关系突显、亲属关系弱化以及邻里关系淡漠，这些变化必然会削弱代际之间（尤其是父辈与子辈之间）的凝聚力（William，1963），进而影响家庭的养老功能。

然而，被修正的西方现代化理论在被应用于中国的家庭研究时，却凸显出中国家庭现代化的特殊性：一是夫妻关系并未完全取代父子轴关系。二是核心家庭依然与扩大亲属网之间保持互助关系（陈熙，2014）。由此看来，在现代化进程中，孝道文化深厚的中国家庭的凝聚力仍具有较强的抗逆力和适应性（杨菊华、李路路，2009），具体在家庭养老照料方面则表现为我国九成以上需要照料的老年人的主要照料者依然是家人。[①] 虽然中国在养老方面的家庭凝聚力并没有遭到破坏，但是子女数量的稳步减少，人口流动的久盛不衰，以及代际居住分离趋势的出现，都会进一步导致家庭养老照料资源的相对弱化（杨菊

---

① 数据来源：中国老年社会追踪调查（CLASS），中国人民大学老年学研究所，2014。

华、何炤华，2014），部分老年人开始担忧未来无人照料，例如2010年中国城乡老年人生活状况追踪调查数据显示，近四成的老年人担心需要时无人照料，其中"比较担心"占23.64%，"非常担心"占16.24%（吴玉韶、郭平、苗文胜，2014）。因此，家庭现代化理论为本研究选取家庭支持相关变量（如健在子女数、居住方式）作为需要满足状况的影响因素提供了理论依据。

2.2.6 老年迁居的生命周期理论

生命周期理论的应用领域较广泛，涉及老年学、人口学、社会学、心理学、经济学等。20世纪中期，人口学家开始运用生命周期理论分析人口流迁，研究发现人口流迁率在不同的生命历程阶段存在显著差异，劳动年龄人口的流迁率高于老年人口（Lee，1966）。当时的人口流迁研究重点关注劳动年龄人口的职业流动，而忽视了生命历程对老年人口迁居的影响。

直到20世纪70年代末，老龄学家开始运用人口普查数据估算老年人口的迁居率，并运用生命周期理论分析老年人口的迁居规律。生命周期理论将老年人口的迁居视作生命周期变化，以及相伴发生的地位/身份变化与健康状况变化的综合作用的结果。该理论指出老年人口主要会经历三次迁居：第一次迁居发生在退休之初，老年人会为了追求舒适安逸的退休生活而迁居到更宜居的地方，比如居住在美国北部的老年人会迁往加州阳光地带；然而，与老年人年龄增长相伴而来的生理与认知机能衰退会促使其产生长期照料需要，此时则有可能发生第二次迁居——迁回与子女等家人同住，以获得家人的照料；当老年人的健康状况进一步恶化，家人的照料超负荷时，老年人则会发生第三次迁居——入住养老机构。

但是，当这一理论被用于解释中国的情况时需要注意两点：一是基于候鸟式养老而发生的第一次迁居在中国还不多见，但是当子女成家后，与父母分开居住的现象确实越来越普遍（曹杨、徐向文、王一笑，2016），因此该理论中所说的第一次迁居在中国可能更多地体现为代际居住分离；二是基于家庭养老传统在中国根深蒂固，第三次迁居可能不会发生，即使老年人出现严重的功能障碍，可能也会留在家里，由家人照料直到逝世；三是不同年代/队列的老年人对居住方式以及照料者的偏好都在发生变化，新一代的老年人较老一代更偏好与子女分开居住或自我养老。综上所述，我们可以推测，老年人会因寻求照料而与家人同住，从而提高其照料需要满足程度；但与家人同住对照料需要满足状况的影响,尤其是对部分未满足的需要这样一种主观评价的影响会因不同年龄段而有所不同,进而为本研究在考察老年人照料需要满足状况的影响因素时,选取年龄与居住方式的交互项提供了理论基础。

2.2.7 生物−心理−社会医学模型

现代医学关于疾病的认识与解释最初源于生物科学(包括生理学、生物化学、微生物学、免疫学、分子生物学、细胞生物学等),因此医学界一度强调生物科学对医学的决定性作用,并在此基础上提出了"生物医学模式"(Biomedical model)(彭瑞骢、常青、阮芳赋,1982)。生物医学模式是人类观察、解释和解决疾病相关问题的一种观点和方法。该理论模式以生物科学尤其是分子生物学为基础,认为可观测的偏离正常值的生物学(躯体)指标完全可以预测疾病的发生(Engel,1977)。这一模式对于疾病的解释仅限于生物学指标,而忽视了人作为社会系统的内部组成部分,其健康必然会受到社会环境的影响。

随着与社会心理因素相关的疾病(如恶性肿瘤、抑郁症等)对人类健康的威胁加剧,人们逐渐认识到生物医学模式在精神病和心因性、功能性疾病的解释和治疗方面的局限性(彭瑞骢、常青、阮芳赋,1982)。对此,美国罗彻斯特大学医学院精神病学与内科学教授 G. L. Engel 于 1977 年首次提出了生物−心理−社会医学模型(bio-psycho-social medical model)。该理论模型与生物医学模型相对应,将生物、心理以及社会多维度的因素贯穿于疾病的起因、症状表现、诊断、治疗以及医疗效果或健康状况评估的全过程(梁渊、梅桥生、田怀谷等,2004)。该理论模型认为"人类的健康与疾病取决于生物、心理和社会等各种因素,保护与促进人类健康,要从人民的生活环境、行为、精神和卫生服务等多方面努力"(辞海编辑委员会,1999)。这一理论模型为本研究对未满足的照料需要所带来的健康后果的评估提供了理论分析框架。

2.3 文献述评

本章围绕照料需要满足状况的三个研究问题,对国内外研究文献进行了梳理,而后围绕三个研究问题梳理了与之相关的理论。结合本研究目的,对国内已有文献资料进行如下评述。

2.3.1 尚未构建照料需要满足状况的理论分析框架

发达国家早在 20 世纪 80 年代末就提出了未满足的需要的概念,并通过操作化实现对未满足的照料需要的量化。Allen 等（2014）从供需匹配的角度出发,强调照料需要能否得到满足、个体能否在帮助下完成日常生活活动取决于照料资源的可得性。对于具有同等失能程度的老年人来说,如果既得的照料支持越充足,那么照料需要的满足程度可能更高,使用社会照料服务的可能性越低;相反,他们如果获得的照料支持越少,那么存在未满足的需要的风险就越大,使用社会照料服务的可能性就越高。据此,Allen 构建了未满足的需要的理论分析框架,并被国外学者广泛应用于未满足的照料需要的研究之中。

然而,国内关于未满足的照料需要的研究才刚刚起步,还没有研究对未满足的需要进行系统的理论梳理和提炼,也没有研究构建照料需要满足状况的理论分析框架。已有研究仅仅是对老年人所获得的照料情况的简单描述,从而导致已有研究结构单薄,缺乏理论基础,其研究结论与意义无法得到提升。因此,有必要构建适合中国国情的照料需要满足状况的理论分析框架,为后续相关研究的开展提供理论指导。

2.3.2 利用全国数据系统评估照料需要满足状况的研究较为缺乏

国外关于需要满足状况的研究源于医疗卫生服务供给商开展服务供给规划的需要,因此,最初的研究单方面关注完全未满足的需要（即有无获得相应的正式照料服务）。与医疗卫生服务领域不同的是,在老年照料服务中非正式照料发挥着举足轻重的作用,因此在研究日常生活照料的需要满足状况时,国外学者开始关注失能老人在接受了非正式照料后依然存在的未满足的需要,但仍然局限于有无照料者的层面。虽然 Kennedy 利用失能人口追踪调查数据分别测量了 18 岁及以上的成年人口的完全未满足与部分未满足的照料需要,Mor 利用小样本的地方数据对比了年轻人与老年人完全未满足与部分未满足的需要的比例,但是鉴于全国性老年调查数据的限制,比如,美国长期照料调查只询问了失能老人是否有人照料,但并未追问获得照料的老年人对既得照料的评价（Allen & Mor, 1997）,国外依然很少有实证研究利用全国性的抽样调查数据对失能老人部分未满足的需要进行测量。

国内仅有的几篇关于老年人照料需要满足状况的实证研究仅测量了部分未

满足的需要（即有人照料但需要更多服务）。虽然中国的养老照料大多由子女提供，但是不能忽视随着独生子女的父母步入老年，完全未满足的需要的比例可能会随之升高，因此需要追踪完全未满足的需要的动态变化。同时，考虑到中国老人对家人照料的偏好，以及基于家庭伦理对家庭照料者做出的服务评价不同于需求评估专家或服务供给者，有必要同时纳入对部分未满足的需要的考察。二者缺其一，都会在一定程度上低估中国老年人未满足的照料需要，所以要想为未来社会养老服务的规划布局提供合理指导，必须综合评估失能老人部分未满足的需要以及完全未满足的需要。

2.3.3 忽略了完全未满足与部分未满足的需要的影响因素的差异

如上所述，国外早期关于未满足需要的研究单一考察了完全未满足的需要及其影响因素。虽然后期越来越多的研究在评估未满足的需要时分别测量了部分未满足的需要与完全未满足的需要，但是在考察影响因素时，除了 Gibson 和 Verma（2006），多数研究依然统一将二者合并为未满足的需要，并将因变量处理为满足与不满足的二分类变量而纳入二元逻辑回归模型，这在一定程度上忽略了相关因素对完全未满足的需要与部分未满足的需要的影响的差异。国内目前的研究只考察了部分未满足的需要的影响因素，而忽略了相关因素对完全未满足的需要的影响，至于部分未满足的需要与完全未满足的需要的影响因素是否存在差异更是不得而知。虽然中国无人照料的老年人比例较低，但是随着独生子女的父母步入老年，家庭照料资源可能会明显减少，此时，探究无人照料的原因则显得格外重要。与此同时，值得我们注意的是，无人照料仅仅是供给的结果，而有人照料但需要更多照料则是供需互动的结果，二者明显不同，那么相应的因素对于二者的影响可能也不尽相同。因此，在将未满足的需要作为因变量纳入回归模型时不能"一刀切"，应该区分完全未满足的需要与部分未满足的需要。

2.3.4 未验证年龄对居住方式与照料需要满足状况的关系的调节效应

国内外研究显示，居住方式对未满足的照料需要具有显著影响，与家人同住可以显著降低老年人未满足的需要。但是，还没有研究进一步分析年龄对居住方式与照料需要满足状况的关系的调节效应。通过老年迁移的生命周期理论与现实生活经验可以知道，老年人会在高龄阶段根据健康状况的恶化情况而选择与子女同住，以寻求日常生活照料，但是，与老一代老年人相比，新一代老年人的自我养老能力提高，不再像老一代老年人那样倾向与子女同住、依赖子女的照料，因此是否与子女同住不一定会影响其照料需要满足状况，或者说与子女同住对于其照料需要满足状况的改善效果并不明显，由此我们可以假设居住方式对照料需要满足状况的影响可能会在不同的年龄段产生差异。那么厘清年龄对居住方式与照料需要满足状况之间的关系的调节效应，有利于政府在制定相关养老服务政策时，考虑到不同年龄段的老人的健康差异，以及不同年代的老年人的养老观念。

2.3.5 综合考察未满足的需要所带来的健康后果的研究较为缺乏

在卫生服务领域，安德森卫生服务利用的循环模型表明：前倾因素、使能因素以及需要因素会影响病人是否使用卫生服务，而使用与否亦会对健康造成影响（Andersen，1995）。同理，在老年人的日常生活照料领域，我们通过梳理国外的实证研究及相关理论可知，如果失能老人没有获得所需的照料或者获得的照料不足以满足其需要，这可能为失能老人的健康带来一系列负面影响，如死亡、住院、生活质量下降等。国内的研究也证实了未满足的需要会提高死亡率；但该研究中未满足的需要仅仅指部分未满足的需要，而不包括完全未满足的需要，而且未满足的需要与其他健康相关变量之间的关系更是不得而知。探明未满足的照料需要对失能老人多维健康造成的影响，有利于提高照料需要满足状况这一指标在需求评估以及健康养老政策中的重要性，并且为提升老年人的健康老龄化水平提供新的社会干预视角。因此，有必要综合考察未满足的需要所带来的健康后果。

2.4 本章小结

本章围绕"失能老人的照料需要满足状况"这一研究主题的三个子问题进行了文献回顾和理论梳理。文献回顾主要包括四个方面：一是明确了失能老人的照料需要满足状况的概念；二是了解了国内外对照料需要满足状况的测量与评估；三是梳理了国内外有关照料需要满足状况的影响因素的研究进展；四是总结了国内外关于未满足的照料需要带来的健康后果的研究进展。理论梳理重点围绕"什么是照料需要满足状况"进行了分析，在健康老龄化理论提出健康是包含健康状况与社会支持的多面向概念的基础上，失能评估与未满足的需要的理论模型则为本书构建照料需要满足状况的理论分析框架提供了具体指导。在厘清"什么是照料需要满足状况"的基础上，分别就"什么因素会影响照料需要满足状况"及"未满足的需要会带来什么样的健康后果"这两个问题进行了理论梳理，前者主要包括安德森卫生服务利用模型、家庭现代化理论与老年迁居的生命周期理论，后者主要参考生物-心理-社会医学模型，从而细化与丰富了本书提出的照料需要满足状况的理论分析框架。

3 研究设计

首先，本章将在文献述评和理论梳理的基础上，围绕研究问题提出本研究的理论分析框架，分析框架的构建包括三步：一是利用 Allen 等的未满足的照料需要的理论模型构建照料需要满足与否的指标，并在此基础上结合中国国情，进一步区分部分未满足的需要与完全未满足的需要，最终形成照料需要满足状况的三分类指标，用于衡量我国失能老人长期照料服务的供需匹配状况；二是根据安德森卫生服务利用模型、家庭现代化理论与老年迁居的生命周期理论，提炼影响照料需要满足状况的健康、经济与社会支持三方面的因素，在此基础上根据已有研究结果，选取照料需要满足状况的具体影响因素，并形成分析框架；三是参考生物-心理-社会医学模型，构建了生物医学与社会心理的健康后果评估维度，并在此基础上，根据已有研究结果，选取了未满足的照料需要可能为失能老人带来的具体的健康后果指标，并进而形成分析框架。至此，最终形成本书整体的理论分析框架。而后，本章针对第二个和第三个研究问题提出相应的研究假设。为了回答研究问题、验证研究假设，本章将依次进行多项实证研究，并据此设计出技术路线图，统领后续四章的研究内容。

3.1 理论框架

由第二章围绕照料需要满足状况所进行的理论梳理与文献回顾可知，国外关于未满足的需要的研究起源于对失能的评估。失能的评估经历了由疾病医学模型向功能障碍模型的转型。Kane 和 Boult（1998）对功能障碍模型做了扩展，进一步纳入了失能与照料需要的关系，认为失能并不一定导致老年人对正式照料服务需要的上升，二者的关系会受到个体与家庭期望、污名化以及社会支持等多重因素的调节。为了进一步识别需要正式照料服务的失能老年群体，Patrick 和 Peach（1989）在此基础上提出了未满足的需要的概念，认为未满足的需要是指老年人没有获得所需的服务或者无法被当下获得的服务满足的需要，它包括完全未满足的需要与部分未满足的需要。Allen 等在此基础上构建了由疾病向未满足的需要演变的路径模型，其中照料资源的可及性是重要的调节变量，只有当照料资源不足时，老人才会需要正式照料介入以满足其未满足的需要。但该模型并未细分完全未满足的需要与部分未满足的需要。

基于家庭养老在中国有着深厚的传统，中国绝大多数的老年人是有家人照料的，因此老年人完全未满足的需要比例目前依然比国外低，那么测量无人照料的意义尚未完全显现；但是，随着独生子女一代的父母步入老年，完全未满足的需要比例可能会随之升高，追踪完全未满足的需要的动态变化以便为未来一段时间的社会养老服务的供给提供指导则成为必然。同时，考虑到中国老年人对家人照料的偏好，以及基于家庭伦理对家庭照料者做出的服务评价可能不同于需求评估专家或服务供给者，因此有必要纳入对自评部分未满足的需要的考察。因此，本研究在 Allen 等的模型基础上将未满足的需要细分为部分未满足的需要与完全未满足的需要两类。此外，结合 Allen 等的未满足的需要的理论模型、安德森卫生服务利用模型、家庭现代化理论以及老年迁居的生命周期理论，可以将照料需要满足状况的主要影响因素归纳为经济状况、健康状况与社会支持，而且社会支持中的居住方式与照料需要满足状况之间的关系可能因年龄产生差异，由此我们构建了未满足的需要的形成路径。在构建照料需要满足状况指标的基础上，考虑到未满足的照料需要可能会带来负面的健康后果，本研究根据生物-心理-社会医学模型将可能的健康后果分为生物医学与社会心理两类，并纳入了理论框架（详见图 3-1）。

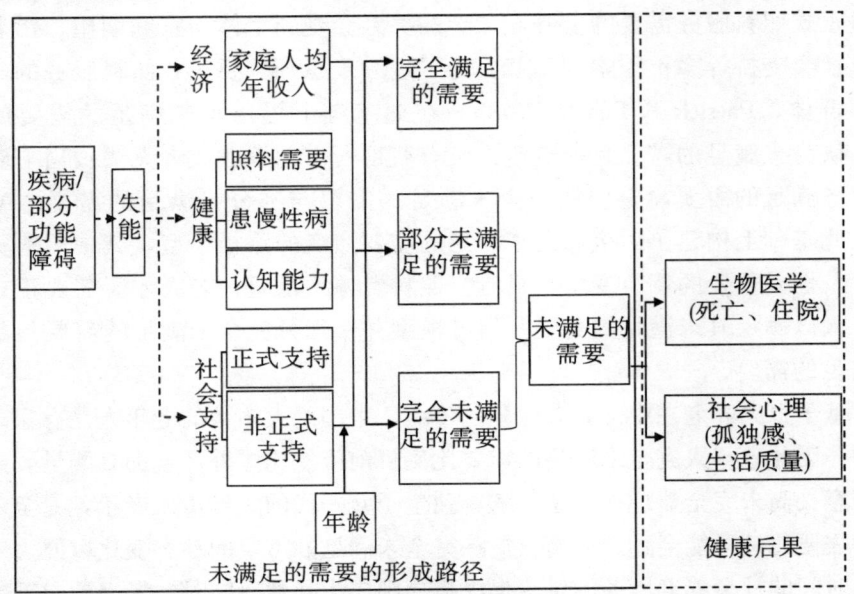

图 3-1 照料需要满足状况的理论框架图

注：左侧实线框内虚线箭头的内容非本研究的核心内容。

图 3-1 是本研究的理论分析框架，图 3-1 左侧实线框内呈现了照料需要满足状况的形成路径：对于有照料需要的失能老人，如果有人照料并且这一照料完全满足其需要，那么该老年人的需要则得到完全满足；如果有人照料但并不能完全满足其需要，那么该老年人存在部分未满足的需要；如果无人照料，则其需要处于完全未满足的状态。图 3-1 右侧虚线框内展示了未满足的照料需要可能带来的负面健康后果。

3.2 研究假设

在前文我们围绕研究目标提出了三个研究问题，其中第一个研究问题可以通过对数据的描述分析得以解答。在此结合图 3-1 的理论框架，针对第二个与第三个研究问题提出相应的研究假设。

假设 1：经济状况显著影响照料需要满足状况，但对完全未满足的需要与部分未满足的需要的影响具有差异。具体来看，家庭人均年收入会显著影响失能老人的照料需要满足状况，但对完全未满足的需要与部分未满足的需要的影响具有差异。

假设2：健康状况显著影响照料需要满足状况，但对完全未满足的需要与部分未满足的需要的影响具有差异。健康状况分为生理健康（包括照料需要项目数与患慢性病）与心理健康（认知能力）。具体来看，照料需要项目数、是否患慢性病以及认知能力会显著影响失能老人的照料需要满足状况，但这些因素对完全未满足的需要与部分未满足的需要的影响具有差异。

假设3：社会支持显著影响照料需要满足状况，但对完全未满足的需要与部分未满足的需要的影响具有差异。社会支持分为非正式支持（包括居住方式、健在子女数、倾诉对象）与正式支持（社区养老服务）。具体来看，居住方式、健在子女数、倾诉对象及有无社区养老服务会显著影响失能老人的照料需要满足状况，但这些因素对完全未满足的需要与部分未满足的需要的影响具有差异。

假设4：年龄可能是居住方式与照料需要满足状况之间的调节变量。具体来看，与其他失能老人相比，高龄且与家人同住的失能老人具有部分未满足与完全未满足的需要的可能性越小。

假设5：照料需要未满足将损害失能老人的生理健康。具体来看，与照料需要满足的失能老人相比，照料需要未满足的失能老人将面临更高的死亡风险；与照料需要满足的失能老人相比，照料需要未满足的失能老人将面临更高的住院风险。

假设6：照料需要未满足将损害失能老人的社会心理健康。具体来看，与照料需要满足的失能老人相比，照料需要未满足的失能老人感到孤独的风险更高；与照料需要满足的失能老人相比，照料需要未满足的失能老人的生活质量更差。

总体来看，如果假设1、假设2、假设3、假设4得到验证，也就厘清了哪些因素会促进照料需要的满足，哪些因素会导致失能老人需要更多的照料，又是哪些因素提高了失能老人无人照料的风险，从而可以回答研究问题二。如果假设5和假设6得到验证，我们也就清楚了未满足的照料需要可能带来的不良影响，从而验证了照料需要满足状况这一指标的有效性与重要性，可以回答研究问题三。最后，对研究问题一、研究问题二、研究问题三的回答，有助于读者对我国失能老人长期照料服务的供需匹配状况形成全面系统的认知。

3.3 技术路线

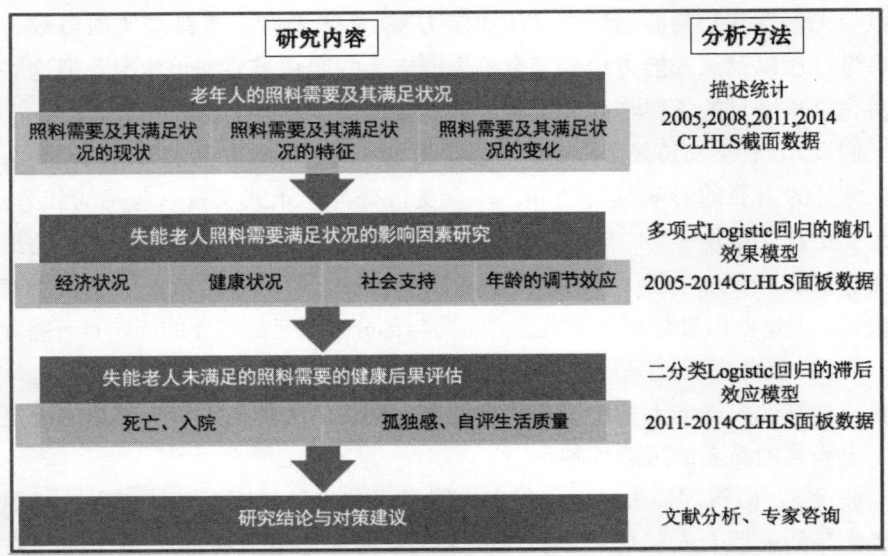

图 3-2 技术路线图

4　老年人的照料需要及其满足状况

第 4 至 6 章将对照料需要满足状况进行实证分析。其中，本章旨在通过对宏观数据的加权描述分析，了解我国老年人的照料需要及其满足状况的现状与变化：一方面，通过对照料需要满足状况这一概念的操作化与数据分析，揭示我国长期照料服务的供需差距；另一方面，为第 5 章的实证研究奠定基础。将设两个环节来完成本章研究任务：首先通过描述宏观数据对老年人的照料需要现状及其变化进行一个完整的呈现；而后重点关注需要照料的失能老人的照料需要满足状况，通过对数据进行恰当的剥离与组合，分析比较了部分未满足的需要与完全未满足的需要的现状、特征与趋势，为后续验证未满足的需要模型拓展的必要性与合理性奠定基础。

4.1　数据与变量测量

4.1.1　数据选择与介绍

截至目前，收集了照料需要满足信息的全国老龄抽样调查只有中国老年人健康长寿影响因素调查（CLHLS），该调查从 2005 年开始收集照料需要满足信息，为本研究提供了翔实的数据，因此本研究统一使用 CLHLS 数据，并根据不同研究问题的需要，而对应使用截面数据或面板数据。

CLHLS 的基线调查于 1998 年进行，随后分别在 2000 年、2002 年、2005 年、2008 年、2011 年、2014 年和 2018 年开展了追踪调查。涵盖区域总人口在 1998 年基线调查时为 9.85 亿，在 2010 年时为 11.56 亿，大约占全国总人数的 85%。CLHLS 基线调查和跟踪调查涵盖了中国 23 个省（直辖市），包括辽宁、吉林、黑龙江、河北、北京、天津、山西、陕西、上海、江苏、浙江、安徽、福建、江西、山东、河南、湖北、湖南、广东、广西、四川、重庆、海南（曾毅，2013）。存活的被访者跟踪调查个人问卷收集了包括个人特征、家庭关系、生活自理能力、躯体功能、认知功能、生活方式、饮食、心理特征、社会及家庭支持和照料等在内的 180 项内容。访问死亡老人家属的问卷主要包括死因、死亡地点、各种疾病、临终前生活自理能力、上次被访至死亡期间住院和卧床不起的天数及次数、生病能否得到及时治疗、家庭经济状况等；同时，也收集了死亡老人临终前生活不能自理持续的时间长短。该调查对老龄健康的定义和测量指标主要包括 ADLs、躯体功能、认知功能、自评健康、社会参与和社会网络、累计亏损指数等。曾毅及其团队（2008）对数据质量（包括自报年龄的精确度，以及数值测量的信度、效度与一致性）与样本流失的随机性进行了系统评估，结果显示 CLHLS 数据具有较高的质量。

虽然 2018 年是 CLHLS 最新一期的调查，但是这次调查约八成的被访者是第一次参与该调查，无法实现对历年照料需要满足状况的变化的追踪分析，因此，本研究最终选取 2005—2014 年的调查数据进行分析。基于本章 4.2 节对照料需要及其满足状况的现状描述需要，本研究将采用 2014 年的截面数据。2014 年的调查对中国 23 个省（市、自治区）的 65 周岁及以上的老年人进行了入户调查，最终回收有效个人问卷 7107 份，其中 198 位被访老人住在养老院。在 6909 名被访的居家老人中有 237 位 105 岁及以上的被访老人未被赋予权重，因此本研究的分析样本仅包括 6672 名 65~105 岁的居家老人。除去在六项生活自理能力上填写不完整的个案，最终进入分析的有效样本量为 5625。基于本章 4.3 节对照料需要及其满足状况的发展变化的描述需要，将选用 2005 年、2008 年、2011 年与 2014 年四期的截面数据描述过去十年的变化态势，最终进入分析的有效样本量分别为 14879、15466、7826 与 5503。

4.1.2 变量测量

按照本研究对照料需要的定义，并结合国际通用的对日常生活自理能力的测量方式，本研究通过询问个体在实际完成六项 ADLs（包括洗澡、穿衣、上厕所、室内活动、大小便、吃饭）时是否需要他人帮助来测量老年人的照料需要等级。如果被访者全部回答"不需要帮助"，则判定为不需要帮助；如果至少一项回答"需要帮助"，判定为需要帮助（即失能老人），并进一步将其划分为1~2项ADLs需要帮助（即轻度老人）、3~4项ADLs需要帮助（即中度老人）以及5~6项ADLs需要帮助（即重度老人）的由轻到重的三个等级。

根据本研究对照料需要满足状况的定义，本研究通过询问有无照料者以及已有照料是否满足需要来划分照料需要满足状况。对于需要帮助的失能老人，调查询问"谁是主要帮助者"，若回答"无人帮助"则被视为具有完全未满足的需要；对于有人帮助的老人，调查进一步询问"这些帮助能否满足需要"，若回答"不满足"或"未完全满足"的则判定为具有部分未满足的需要，回答"完全满足"的则为完全满足的需要。

为了了解不同的照料需要项目数与需要满足状况的群体特征，本研究还选取了反映社会人口与心理特征、经济状况、健康状况以及社会支持的变量。社会人口与心理特征包括年龄、性别、婚姻状况、城乡、地区、教育水平与自评生活质量：年龄分为低龄（65~74岁）、中龄（75~84岁）和高龄（85岁及以上）三类；性别为二分类变量；婚姻状况分为有无配偶两类；城乡为二分类变量；地区分为东部、中部、西部三类；教育水平分为文盲、小学、初中及以上三类；自评生活质量是取值1~5的定序变量，表示生活质量由好到差。经济状况通过家庭人均年收入来体现，家庭人均年收入根据三分位数处理为取值1~3的定序变量，表示收入由低到高。健康状况除了照料需要项目数，还纳入了是否患慢性病、认知能力：是否患慢性病为二分类变量；认知能力为取值0~30的连续变量，得分越高，认知能力越好。社会支持分为非正式支持与正式支持，前者包括居住方式、健在子女数、倾诉心事的对象；后者为有无社区养老服务。居住方式分为独居、仅与配偶同住、与子女同住、与其他家人同住四类；健在子女数为取值1~3的定序变量，表示子女数由少到多；倾诉心事的对象分为无人可说、向配偶倾诉、向子女倾诉、向其他人倾诉四类；有无社区养老服务为二分类变量（详见表4-1）。

表4-1 变量定义

变量	分类
照料需要项目数	不需要帮助、1~2项ADLs需要帮助、3项及以上ADLs需要帮助
照料需要满足状况	完全满足、部分未满足、完全未满足
社会人口与心理特征	

续表 4—1

变量	分类
年龄	65～74 岁、75～84 岁、85 岁及以上
性别	女、男
婚姻状况	无偶、有偶
城乡	农村、城市
地区	东部、中部、西部
教育水平	文盲、小学、初中及以上
自评生活质量	很好、好、一般、差、很差
经济状况	
家庭人均年收入	0～6000 元、6001～16666 元、16667 元及以上
健康状况	
是否患慢性病	否、是
认知能力	0～30 分
社会支持	
居住方式	独居、仅与配偶同住、与子女同住、与其他家人同住
健在子女数	1～2 个、3～4 个、5 个及以上
倾诉心事的对象	无人可说、向配偶倾诉、向子女倾诉、向其他人倾诉
有无社区居家养老服务	无、有

4.1.3 分析方法

4.2.1 部分首先计算全体样本中需要照料以及不需要照料的老年人的比例，然后比较这两类老年人在社会人口与心理特征、经济状况、健康状况、社会支持方面的差异，并进行卡方显著性检验。4.2.2 部分在需要照料的失能老人里分别计算完全满足、部分未满足以及完全未满足的需要的比例，然后进一步比较这三类老年人在社会人口与心理特征、经济状况、健康状况，以及社会支持上的差异，并进行卡方显著性检验。4.3 部分回顾老年人的照料需要及其满足状况的比例在 2005—2014 年间的变化，并进一步分年龄分析其变化态势。

本章的描述分析均是根据第六次全国人口普查相关汇总结果进行加权处理后的结果，可以推论调查时点 CLHLS 覆盖的我国 23 个省（市、自治区）65 周岁及以上老年人总体状况的估值。

4.2 老年人的照料需要及其满足状况的现状及特征

4.2.1 老年人的照料需要现状及特征

如图 4-1 所示，90.20% 的老年人生活完全能够自理；超过 6% 的老年人在 1~2 项 ADLs 上需要帮助；3~4 项 ADLs 需要帮助的老人占全体老年人的 1.28%；超过 2% 的老年人在 5~6 项 ADLs 上需要帮助。

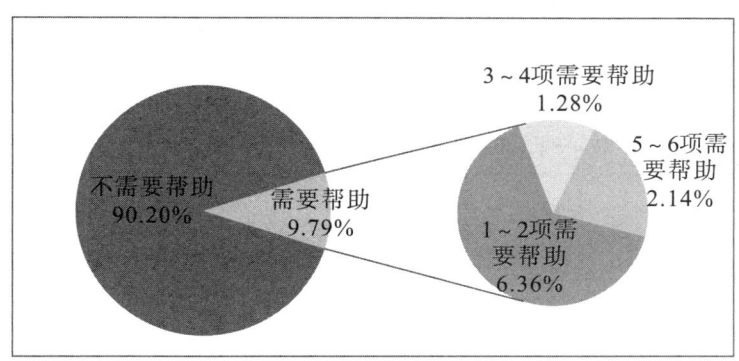

图 4-1 不同照料需要项目数的老年人的比例

老年人的照料需要在年龄、婚姻状况、地区、教育水平、自评生活质量、健康状况以及非正式支持上存在显著差异。近六成不需要照料的老年人是低龄老人，这一比例在四类具有不同照料需要项目数的老年人中最高，不需要照料的 85 岁及以上的人口比例最低，不到 1/10；75~84 岁的老年人在 1~4 项 ADLs 上需要帮助的比例最高；85 岁及以上的老年人在 3~6 项 ADLs 上需要帮助的比例最高。近七成不需要照料的老年人有配偶，这一比例在四类具有不同照料需要项目数的老年人中最高；五成左右需要照料的老年人没有配偶，而且需要帮助的项目数越多，没有配偶的比例越高。约 1/3 在 5~6 项 ADLs 上需要帮助的老年人居住在西部地区，这一比例在四类具有不同照料需要项目数的老年人中最高。1/5 不需要照料的老年人接受过初中及以上的教育,这一比例是其他三类老年人的两倍;五成及以上需要照料的老年人没有接受过教育。近七成不需要照料的老年人自评生活质量好或很好,这一比例在四类具有不同照料需要项目数的老年人中最高;并且随着老年人需要照料的项目数的增加,自评生活质量一般或更差的比例越高。需要照料的老年人比不需要照料的老年人患慢性病的比例更高。超过九成不需要照料的老年人的认知能力得分在 24 分及以上,这一比例在四类具有不同照料需要项目数的老年人中最高;约九成 5~6 项 ADLs 需要帮助的老年人的认知能力得分为 0~23 分,这一比例是不需要照料的老年人的 10 倍多。一半以上不需要照料的老年人独居或仅与配偶同住,这一比例远高于其他三类老年人;四成至七成需要照料的老年人与子女同住,而且需要帮助的条目数越多,与子女同住的比例越高。五成左右需要照料的老年人有心事会向子女倾诉,这一比例高于不需要照料的老年人;近六成不需要照料的老年人有心事向配偶倾诉,这一比例在四类老年人中最高;7% 左右在 3 项及以上 ADLs 上需要帮助的老年人有心事无人可倾诉,这一比例高于其他两类老年人(详见表 4-2)。

表 4-2 不同照料需要项目数的老年人的特征

		不需要照料(%)	1~2 项 ADLS 需要照料(%)	3~4 项 ADLS 需要照料(%)	5~6 项 ADLS 需要照料(%)	总计(%)	P 值
年龄	65~74 岁	58.17	37.58	17.24	34.96	55.83	
	75~84 岁	34.42	45.10	49.99	37.08	35.35	0.0000
	85 岁及以上	7.42	17.32	32.77	27.96	8.81	
性别	女	51.81	58.72	63.26	48.53	52.33	0.3586
	男	48.19	41.28	36.74	51.47	47.67	
婚姻	无偶	34.38	47.82	49.19	51.09	35.79	0.0088
	有偶	65.62	52.18	50.81	48.91	64.21	
城乡	农村	56.21	55.34	52.92	51.38	56.01	0.8913
	城市	43.79	44.66	47.08	48.62	43.99	

续表4-2

		不需要照料（%）	1~2项ADLS需要照料（%）	3~4项ADLS需要照料（%）	5~6项ADLS需要照料（%）	总计（%）	P值
地区	东部	54.67	56.35	52.02	48.49	54.61	
	中部	26.34	33.24	32.08	18.40	26.68	0.0265
	西部	18.99	10.42	15.90	33.11	18.71	
教育水平	文盲	36.96	56.91	63.20	49.32	38.83	
	小学	43.00	35.72	25.53	43.17	42.32	0.0000
	初中及以上	20.04	7.36	11.28	7.51	18.85	
自评生活质量	很好	20.58	15.43	13.17	6.20	19.85	
	好	48.62	44.84	45.17	56.75	48.46	
	一般	28.37	37.34	29.43	29.46	28.98	0.0033
	差	1.82	2.35	11.18	6.25	2.07	
	很差	0.62	0.84	1.05	1.33	0.65	
家庭人均年收入	0~6000元	32.37	33.79	39.10	37.91	32.67	
	6001~16666元	32.93	38.80	32.50	35.73	33.35	0.5762
	16667元及以上	34.71	27.41	28.40	26.36	33.98	
是否患慢性病	否	42.64	27.10	20.53	36.39	41.23	0.0183
	是	57.36	72.90	79.47	63.61	58.77	
认知能力	24~30分	92.13	68.21	32.06	13.49	88.15	0.0000
	0~23分	7.87	31.79	67.94	86.51	11.85	
居住方式	独居	18.05	15.96	10.95	6.71	17.58	
	仅与配偶同住	36.47	25.30	26.34	15.33	35.17	0.0034
	与子女同住	31.56	40.09	56.39	69.87	33.24	
	与其他家人同住	13.93	18.66	6.31	8.09	14.01	

续表4-2

		不需要照料（%）	1~2项ADLS需要照料（%）	3~4项ADLS需要照料（%）	5~6项ADLS需要照料（%）	总计（%）	P值
健在子女数	0~2个	29.69	34.16	19.94	15.65	29.55	0.0725
	3~4个	48.59	38.96	43.30	51.61	47.97	
	5个及以上	21.72	26.88	36.76	32.75	22.48	
倾诉心事的对象	无人可说	2.55	1.88	6.46	7.13	2.64	0.0001
	向配偶倾诉	57.80	38.52	40.42	45.13	56.14	
	向子女倾诉	32.90	51.51	48.17	45.68	34.49	
	向其他人倾诉	6.75	8.08	4.94	2.07	6.73	
有无社区养老服务	无	34.05	35.25	35.99	48.29	34.46	0.2919
	有	65.95	64.75	64.01	51.71	65.54	
总计		100	100	100	100	100	

注：(1) 样本量为5625；(2) 由于四舍五入，表中每一列的百分比合计可能不等于100%。

4.2.2 失能老人的照料需要满足状况的现状及特征

在上述需要照料的失能老人中，约42%的老年人已有人照料且完全满足其需要，近54%的老年人虽有人照料但仍然需要更多的照料，约5%的老年人无人照料（详见图4-2）。通过进一步分析照料需要完全满足和部分未满足的老年人的主要照料者发现，分别有98.23%与98.61%的老年人的主要照料者都是家人。

4 老年人的照料需要及其满足状况

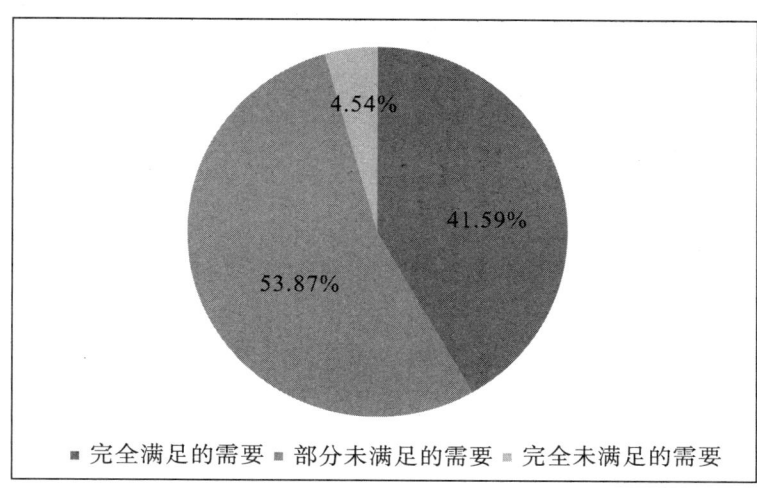

图 4-2 失能老人的照料需要满足状况比例

表 4-3 显示，具有不同照料需要满足状况的失能老人在地区、教育水平、自评生活质量、经济状况、健康状况及居住方式上存在显著差异。近七成照料需要完全满足的失能老人在东部地区，这一比例在三类人群中最高；六成照料需要完全未满足的失能老人居住在中部地区，这一比例在三类人群中最高；超过五分之一的照料需要部分未满足的失能老人住在西部，是三类人群中比例最高的。照料需要完全未满足的失能老人上过小学的比例最高，但初中及以上的比例最低；照料需要完全满足的失能老人没有上过学的比例在三类人群中最高。八成以上照料需要完全满足的失能老人自评生活质量好或很好，这一比例在三类人群中最高，超过了照料需要完全未满足的失能老人的两倍；近七成照料需要完全未满足的失能老人自评生活质量一般或更差，这一占比在三类人群中最高。对于照料需要完全满足以及部分未满足的失能老人来说，六成以上的人群处于中、高收入水平；在三类人群中，照料需要完全满足的失能老人处于高收入水平的比例最高（35.26%），照料需要部分未满足的失能老人处于中等收入水平的比例最高（39.95%），而照料需要完全未满足的失能老人处于低收入水平的比例最高（77.76%）。一半照料需要部分未满足的失能老人在 3 项及以上 ADLs 上需要帮助，这一比例在三类人群中最高；照料需要完全未满足的失能老人在 1~2 项 ADLs 上需要帮助的比例最高，超过九成，仅有不到 7% 的照料需要完全未满足的失能老人在 5~6 项 ADLs 上需要帮助，比例在三类人

群中最低。照料需要完全未满足的失能老人的认知能力最好，超过九成的失能老人的认知能力得分在 24～30 分，这一比例是照料需要部分未满足的失能老人的两倍多；照料需要部分未满足的失能老人的认知能力最差，近六成的认知能力得分为 0～23 分，这一比例约为照料需要完全未满足的失能老人的七倍。近六成照料需要完全未满足的失能老人独居，这一比例在三类人群中最高；照料需要部分未满足的失能老人与家人同住的比例最高，其中近六成与子女同住。

　　照料需要满足状况因年龄、城乡、是否患慢性病、子女数、社区养老服务供给不同而有所不同，但这一差异并不显著。一半以上的照料需要完全未满足的失能老人是低龄老人，这一比例在三类人群中最高，但 85 岁及以上的比例最低，仅为 1/20；超过六成照料需要部分未满足的失能老人在 75 岁及以上，其中高龄老人接近 1/4；超过 3/4 的照料需要完全满足的失能老人在 75 岁及以上，是三类人群中比例最高的。一半左右照料需要部分未满足与完全满足的失能老人在城镇。超过七成照料需要完全未满足的失能老人在农村，这一比例在三类人群中最高。九成以上照料需要完全未满足的失能老人患有慢性疾病，是三类人群中比例最高的；三成左右照料需要部分未满足与完全满足的失能老人没有慢性疾病。六成照料需要完全未满足的失能老人拥有的健在子女数不超过 2 个，这一比例是其他两类人群的两倍；四成以上照料需要部分未满足的失能老人拥有 3～4 个健在子女，是三类人群中比例最高的；七成照料需要完全满足的失能老人拥有 3 个及以上健在子女，其中拥有 5 个及以上健在子女的比例在三类人群中最高。约八成照料需要完全未满足的失能老人所在社区没有提供养老服务，是三类人群中比例最高的；六成左右照料需要部分未满足与完全满足的失能老人所在社区提供了养老服务，其中照料需要完全满足的老年人所在社区提供养老服务的比例最高。（详见表 4-3）

表 4-3　不同照料需要满足状况的失能老人的特征

		照料需要完全满足（%）	照料需要部分未满足（%）	照料需要完全未满足（%）	总计（%）	P 值
年龄	65～74 岁	24.60	36.37	55.91	32.36	
	75～84 岁	49.48	41.37	38.82	44.63	0.3682
	85 岁及以上	25.92	22.26	5.27	23.01	

续表4-3

		照料需要完全满足（%）	照料需要部分未满足（%）	照料需要完全未满足（%）	总计（%）	P值
性别	女	51.66	55.19	64.38	54.14	0.8165
	男	48.34	44.81	35.62	45.86	
婚姻	无偶	45.97	46.27	56.72	46.63	0.8854
	有偶	54.03	53.73	43.28	53.37	
城乡	农村	55.49	46.93	73.60	51.70	0.2766
	城市	44.51	53.07	26.40	48.30	
地区	东部	66.81	46.27	27.70	53.97	0.0150
	中部	22.78	31.18	60.27	29.01	
	西部	10.41	22.55	12.02	17.02	
教育水平	文盲	59.87	53.50	14.23	54.36	0.0286
	小学	31.15	38.50	81.37	37.40	
	初中及以上	8.98	8.00	4.40	8.24	
自评生活质量	很好	21.98	6.27	12.01	13.07	0.0002
	好	60.72	44.48	18.78	50.08	
	一般	13.65	41.35	65.49	30.91	
	差	3.21	6.45	0.00	4.81	
	很差	0.44	1.45	3.72	1.13	
家庭人均年收入	0~6000元	38.30	35.05	77.76	38.45	0.0425
	6001~16666元	26.44	39.95	10.74	32.83	
	16667元及以上	35.26	25.00	11.50	28.72	
照料需要项目数	1~2项需要帮助	69.15	50.30	93.05	60.08	0.0459
	3~4项需要帮助	10.56	18.94	0.00	14.59	
	5~6项需要帮助	20.29	30.76	6.95	25.33	
是否患慢性病	否	33.81	26.94	9.36	29.00	0.3555
	是	66.19	73.06	90.64	71.00	
认知能力	24~30分	60.89	40.30	91.52	51.19	0.0008
	0~23分	39.11	59.70	8.48	48.81	

续表 4-3

		照料需要完全满足（%）	照料需要部分未满足（%）	照料需要完全未满足（%）	总计（%）	P值
居住方式	独居	12.58	11.79	59.60	14.29	0.0007
	仅与配偶同住	21.10	25.52	15.22	23.21	
	与子女同住	46.94	58.00	20.78	51.71	
	与其他家人同住	19.39	4.69	4.40	10.79	
健在子女数	0~2个	30.59	29.31	60.49	31.26	0.3952
	3~4个	35.21	42.72	15.92	38.38	
	5个及以上	34.20	27.98	23.58	30.37	
倾诉心事的对象	无人可说	2.28	4.77	0.00	3.50	0.2569
	向配偶倾诉	34.31	49.20	27.11	41.94	
	向子女倾诉	56.91	40.76	67.17	48.75	
	向其他人倾诉	6.51	5.26	5.72	5.81	
有无社区养老服务	无	34.75	40.60	77.55	39.87	0.0526
	有	65.25	59.40	22.45	60.13	
总计		100	100	100	100	

注：(1) 样本量为1144；(2) 由于四舍五入，表中每一列的百分比合计可能不等于100%。

4.3 老年人的照料需要及其满足状况的发展变化

一般而言，纵向发展趋势能够让我们更好地理解当前的发展状况，因此本研究利用2005年、2008年、2011年及2014年的CLHLS数据考察照料需要及其满足状况的发展趋势（详见表4-4）。2005—2014年间，没有照料需要的老年人的比例整体上略有下降；具体在各年间呈先升后降的趋势，从2005年的93.91%上升到2008年的95.27%，此后下降到2011年的91.00%并基本保持在这个水平。照料需要完全满足的老年人的比例整体有所上升；具体在各年间先降后升，从2005年的2.41%下降到2008年的1.98%，此后大幅上升到

2011年的3.66%并基本保持不变。照料需要部分未满足的老年人的比例整体略有上升;具体在各年间呈先降后升再降的趋势,从2005年的3.54%下滑到2008年的2.58%,到2011年几乎翻了一番,此后从2011年的5.03%略微下降到2014年的4.60%。照料需要完全未满足的老年人的比例呈直线一路攀升,从2005年的0.15%持续上升到2014年的0.39%。

表4-4 2005—2014年老年人的照料需要及其满足状况的比例变化

	无照料需要(%)	照料需要完全满足(%)	照料需要部分未满足(%)	照料需要完全未满足(%)	合计
2005 ($N=14879$)	93.91	2.41	3.54	0.15	100.00
2008 ($N=15466$)	95.27	1.98	2.58	0.17	100.00
2011 ($N=7826$)	91.00	3.66	5.03	0.31	100.00
2014 ($N=5503$)	91.47	3.55	4.60	0.39	100.00

在低龄组,从2005—2014年,无照料需要的老年人比例整体上有所降低,从2005年的96.52%下降到2014年的95.27%;具体在各年间呈先升后降再升的趋势,从2005年的96.52%上升到2008年的97.33%,此后下降到2011年的94.07%,再回升到2014年的95.27%,2011—2014年的上升幅度略高于2005—2008年。照料需要完全满足的老年人的比例整体上略有上升,从2005年的1.11%上升到2014年的1.58%;具体在各年间呈先降后升再降的趋势,从2005年的1.11%下降到2008年的1.00%,此后上升到2011年的2.61%,再下降到2014年的1.58%,2011—2014年下降的幅度约为2005—2008年的四倍。照料需要部分未满足的老年人比例整体上略有上升,从2005年的2.19%上升到2014年的2.80%;具体在各年间呈先降后升再降的趋势,从2005年的2.19%下降到2008年的1.54%,此后上升到2011年的3.08%,再下降到2014年的2.80%,2011—2014年下降的幅度小于2005—2008年。照料需要完全未满足的老年人的比例在2008年后持续攀升,2008年有0.12%的老年人的照料需要完全未满足,2011年这一比例是2008年的两倍,此后继续上升到2014年的0.35%。

在中龄组，2005—2014年间无照料需要的老年人比例整体上略有下降，从2005年的90.32%下降到2014年的89.71%；具体在各年间呈先升后降再升的趋势，从2005年的90.32%上升到2008年的92.89%，此后下降到2011年的88.52%，再回升到2014年的89.71%，2011—2014年的上升幅度略低于2005—2008年。照料需要完全满足的老年人的比例整体上略有上升，2014比2005年增加了0.42个百分点；具体在各年间呈先降后升的趋势，从2005年的4.21%下降到2008年的3.20%，此后上升到2011年的4.12%，并继续增加至2014年的4.63%，2011—2014年上升的幅度不到2008—2011年的1/2。照料需要部分未满足的老年人比例整体上保持不变；具体在各年间呈先降后升再降的趋势，从2005年的5.22%下降到2008年的3.62%，此后上升到2011年的6.83%，再下降到2014年的5.25%，2011—2014年下降的幅度略小于2005—2008年。照料需要完全未满足的老年人的比例整体上大幅上升；具体来看，从2005年到2011年持续攀升，并且2011年的比例为2008年的近两倍，2011年后略有下降，但下降幅度远远低于2008—2011年的上升幅度。

在高龄组，2005—2014年间无照料需要的老年人比例整体上略有上升，从2005年的75.80%上升到2014年的77.63%；具体在各年间呈先升后降再升的趋势，从2005年的75.80%上升到2008年的82.03%，此后下降到2011年的75.36%，再上升到2014年的77.63%，2011—2014年的上升幅度略小于2005—2008年。照料需要完全满足的老年人的比例整体上略有上升，2014比2005年增加了0.67个百分点；具体在各年间呈先降后升的趋势，从2005年的9.60%下降到2008年的7.93%，此后上升到2011年的10.16%，并继续增加至2014年的10.27%，2011—2014年的上升幅度小于2008—2011年。照料需要部分未满足的老年人比例整体有所下降，从2005年的14.03%下降到2014年的11.88%；具体在各年间呈先降后升再降的趋势，从2005年的14.03%下降到2008年的9.88%，此后上升到2011年的14.31%，再下降到2014年的11.88%，2011—2014年下降的幅度小于2005—2008年。照料需要完全未满足的老年人的比例整体上大幅下降，2014年无人照料的高龄老人的比例约为2005年的2/5；具体在各年间呈先降后升的趋势，从2005年的0.58%下降到2008年的0.16%，此后上升到2011年的0.17%，并继续增加至2014年的0.22%，2011—2014年上升的幅度约为2008—2011年的五倍，但依然小于2005—2008年的下降幅度。

表 4-5 2005—2014 年分年龄组老年人的照料需要及其满足状况的比例

年龄	年份	无照料需要（%）	照料需要完全满足（%）	照料需要部分未满足（%）	照料需要完全未满足（%）	总计（%）	样本量（人）
65~74 岁	2005	96.52	1.11	2.19	0.18	100	3279
	2008	97.33	1.00	1.54	0.12	100	2843
	2011	94.07	2.61	3.08	0.24	100	1847
	2014	95.27	1.58	2.80	0.35	100	1082
75~84 岁	2005	90.32	4.21	5.22	0.25	100	2926
	2008	92.89	3.20	3.62	0.29	100	3216
	2011	88.52	4.12	6.83	0.53	100	2403
	2014	89.71	4.63	5.25	0.41	100	2055
85 岁及以上	2005	75.80	9.60	14.03	0.58	100	8693
	2008	82.03	7.93	9.88	0.16	100	9489
	2011	75.36	10.16	14.31	0.17	100	4452
	2014	77.63	10.27	11.88	0.22	100	3025

4.4 小结与讨论

第一，全国有 90% 的 65 岁及以上的老年人生活完全能够自理，另有 10% 的老年人的日常生活需要照料。在需要照料的老年人中，超过 42% 的老年人已有人照料且照料需要完全得到满足，近 54% 的老年人虽然有人照料但仍需要更多的照料，约 5% 的老年人面临无人照料的困境。

第二，通过上述对不同照料需要项目数的老年人的比较可知，需要照料的老年人是年事较高、无偶、教育水平较低、自评生活质量较差、健康状况较差、子女照料资源丰富的老年人；而且需要照料的条目数越多，其整体健康状况越差，但相应的子女照料资源越充足。反之，不需要照料的老年人是低龄、有偶、教育水平较高、自评生活质量较好、健康状况较好、子女照料资源缺乏的老年人。

第三，通过比较不同照料需要满足状况的失能老人可知，具有不同照料需要满足状况的失能老人之间具有显著的差异。照料需要完全满足的失能老人是功能发挥中等、经济状况最好、子女照料资源最为丰富、自评生活质量最高，且居住在东部地区、有养老服务社区的年事较高的老年人；照料需要部分未满足的失能老人是功能障碍最严重，但经济状况相对较好、子女照料资源较多、自评生活质量中等的年事较高的老年人；照料需要完全未满足的失能老人是功能发挥相对最好，但经济状况最差、子女照料资源最少、自评生活质量最差，且居住在中部地区的低龄老年人。

第四，日益增长的未满足的照料需要值得引起我们的关注。虽然我国日常生活完全能够自理的老年人的比例整体呈下降趋势，但依然保持在九成以上。在剩下的十分之一有照料需要的失能老人中，虽然照料需要完全未满足的比例相当低，不到 0.5%，但是我们必须看到这一比例持续攀升，并且在 2008 年—2011 年间翻了一番；照料需要部分未满足的失能老人的比例最高且整体呈上升趋势。

第五，失能老人的照料需要满足状况在过去十年间发生了明显的变化。除了完全未满足的照料需要，2008 年与 2011 年是照料需要满足状况变化的拐点，照料需要完全满足与照料需要部分未满足的失能老人的比例在 2005—2014 年间呈先降后升再降的趋势，而且 2008—2011 年间上升的幅度远远高于此前与此后的下降幅度。照料需要完全未满足的失能老人的比例在 2005—2014 年间持续上升，而且 2008—2011 年间的上升幅度远远高于此前与此后的上升幅度。

第六，年轻一代的老年人的功能维持状况不如老一代的老年人。无论年份，年龄越低，日常生活完全能够自理的老年人的比例越高。八成左右的高龄老人不需要照料，九成左右的中龄老人不需要照料，九成以上的低龄老人不需要照料。但是，对于中低龄老人来说，日常生活完全能够自理的老年人的比例整体有所下滑，具体在各年间呈先升后降再升的趋势；对于高龄老人来说，日常生活完全能够自理的老年人的比例整体有所增加，且具体在各年间也呈"先升后降再升"的趋势。当然我们也不能忽视这其中的健康选择效应。

第七，更多年轻一代的老年人面临无人照料的风险，并且这一风险愈益凸显。从横向上来看，除了 2005 年，照料需要完全未满足的呈中低龄高、高龄低的态势，即中低龄老人无人照料的比例高于高龄老人。纵向来看，对于中低龄老人来说，照料需要完全未满足的失能老人的比例整体上大幅攀升，但照料需要完全未满足的高龄老人的比例整体则有所下降,并且自 2008 年以后,低龄老人无人照料的比例的上升幅度明显高于高龄老人。这可能与年轻一代的老年人拥有的子女数减少有关。

第八,与中低龄老人相比,更多的高龄老人获得了充足的照料并且这一比例越来越高,而高龄老人需要更多照料的比例整体呈下降趋势。横向来看,无论年份,年龄越高,照料需要完全满足的失能老人的比例越高。从纵向来看,无论年龄,照料需要完全满足的失能老人的比例整体略有上升;照料需要完全满足的低龄老人的比例具体在各年间呈先降后升再降的趋势,而中高龄老人的比例则先降后升。相反,从 2005 年到 2014 年,照料需要部分未满足的低龄老人的比例整体有所上升,中龄老人保持不变,而高龄老人有所下滑。这也许是因为我国近年来大力推行针对高龄老人的兜底养老服务、补贴政策及高龄老人拥有的子女数较多。

综上所述,一方面,需要看到政府大力发展对高龄老人的兜底养老服务、补贴政策所取得的初步成就,加上高龄老人子女较多,使得需要照料的高龄老人获得了较好的支持;另一方面,日益增长的未满足的照料需要提示我国长期照料服务供需不匹配问题愈发严峻,应该引起政府、学界及社会各界的高度关注,尤其是过去十年间年轻一代的老年人在功能维持上有所弱化,而且照料资源日益缺乏,这就提醒我们随着独生子女一代的父母步入老年,我们需要立足当前,展望未来,系统考察未满足的照料需要形成的原因及其可能带来的负面健康后果,以便为实现我国长期照料服务的精准供给提供科学依据。

5 失能老人照料需要满足状况的影响因素研究

本章旨在理论分析框架的指导下，以第 4 章的描述分析为基础，深入研究失能老人照料需要满足状况的影响因素，从而为实现长期照料服务与未满足的照料需要的精准匹配提供干预依据。将分两步完成：第一步，通过对全国性老龄调查数据的实证分析，考察经济状况、健康状况以及社会支持对失能老人照料需要满足状况的影响，并重点区分它们对部分未满足与完全未满足的需要的影响的差异，从而验证未满足的需要模型拓展的必要性与合理性；第二步，在第一步实证分析的基础上，纳入年龄与居住方式的交互项，进一步考察年龄在居住方式与照料需要满足状况之间的调节效应。

5.1 经济、健康与社会支持对照料需要满足状况的影响

5.1.1 数据选择与介绍

在明晰照料需要及其满足状况的现状及发展变化的基础上，我们发现失能老人的照料需要满足状况随时间而产生动态变化，因此本章将从动态的视角出发，将 2005 年、2008 年、2011 年与 2014 年四期的 CLHLS 截面数据合并为面板数据，并最终使用面板数据进行实证分析，考察经济状况、健康状况以及社会支持对照料需要满足状况的影响。由于对 CLHLS 数据库的选择在 4.1.1 部分已进行了介绍，此处不再详述。

汇总后的面板数据为非平衡面板数据，共有 47908 个 65 岁及以上的样本，其中有 1126 个样本入住养老院，因此本研究的分析样本仅包括 46782 个 65 岁

及以上的居家样本。本章仅考察需要照料的老年人的照料需要满足情况，因此剔除了35474个不需要照料的样本。在此基础上，再除去在因变量、自变量与控制变量上填写不完整的个案，最终进入分析的有效样本量为10036。这10036个样本代表了8687位被访的独立个体，在这8687位个体中，有7497位仅参与了其中一期的调查，占全样本的86.3%；有1048位参与了其中两期的调查，占12.06%；有125位参与了其中三期的调查，占1.44%；还有17位参与了全部四期的调查，占0.2%。

5.1.2 变量的选取与测量

根据研究需要，本章选取照料需要满足状况作为因变量；选择经济状况、健康状况与社会支持作为自变量；另选择社会人口与心理特征作为控制变量。由于所有变量的含义和测量方法在4.1.2部分已有所介绍，此处不再详述。但此处年龄、家庭人均年收入与照料需要项目数三个变量有所调整，需个别说明：一是通过第4章的描述分析可知，照料需要满足状况在85岁及以上与85岁以下的老年人之间差异较大，加之65～84岁的分析样本所占比例较低，因此此处将年龄合并为中低龄与高龄两类；二是根据三分位数原则将有效分析样本的家庭人均年收入分为三个等级，分别为0～3000元、3001～8601元、8602元及以上；三是在需要照料的失能老人中，需要3项及以上ADLs帮助的失能老人不到四成，因此，此处将照料需要项目数合并为1～2项ADLs需要帮助（即轻度失能）与3～6项ADLs需要帮助（即中/重度失能）两类。

由2005年、2008年、2011年以及2014年样本的描述性统计结果发现，在因变量方面，从2005年到2014年，照料需要完全满足的失能老人比例持续提高，从2005年的40.64%上升到2014年的46.94%；照料需要完全未满足的失能老人的比例整体上也有所上升，从2005年的1.22%提高到2014年的1.37%；而照料需要部分未满足的失能老人的比例持续降低，从2005年的58.14%下降到2014年的51.96%。

自变量方面，从2005年到2014年，被访失能老人的家庭人均年收入不断提高，高收入水平的失能老人比例从2005年的15.98%持续上升到2014年的56.8%。需要照料的项目数总体上略有增加，3～6项ADLs需要帮助的失能老人比例从2005年的46.44%增加至2014年的48.04%。失能老人患慢性疾病的比例呈先降后升的趋势。被访失能老人的认知能力有所提高，认知能力得分在 24～30 分的失能老人比例从 2005 年的 28.95% 上升到 2014 年的 32.97%。在此期间，独居或者仅与配偶同住的失能老人的比例整体上有所增加，而与子女同住的失能老人的比例有所下降。被访失能老人的健在子女数整体上略有增加，拥有五个及以上健在子女的失能老人的比例从 2005 年的 28.97% 增加至 2014 年的 34.52%。被访失能老人无人倾诉心事的比例先增后减，向配偶倾诉心事的比例有所增加，向子女倾诉心事的比例先升后降。所在社区有居家养老服务的失能老人的比例在 2008 年后大幅增加，从 2008 年的 28.5% 提高到 2014 年的 61.64%。

控制变量方面，在 2005 年至 2014 年间，中低龄的样本比例有所增加，从 2005 年的 11.4% 上升至 2014 年的 21.46%。被访的女性失能老人比例有所下降，从 2005 年的 69.16% 减少至 2014 年的 63.74%。无偶失能老人的样本比例持续减少，从 2005 年的 84.65% 降低到 2014 年的 74.89%。城乡失能老人几乎维持各占一半的比例。东部、中部与西部失能老人基本维持在占总体样本的 50%、30% 与 20%。没有受过教育的失能老人的比例先增后减，小学文化的失能老人的比例先减后增，初中及以上学历的失能老人的比例几乎维持在 6%～7%。自评生活质量较好的失能老人的比例先升后降再升，但始终占绝大多数，保持在 70% 左右，自评生活质量一般的失能老人比例在 20% 与 30% 之间浮动，自评生活质量较差的失能老人的比例持续下降，于 2011 年跌破 6%。（详见表 5-1）

表 5-1　2005 年、2008 年、2011 年、2014 年变量定义及样本描述

年份	变量	分类及取值
2005 年	因变量	
	照料需要满足状况	完全满足（40.64%）、部分未满足（58.14%）、完全未满足（1.22%）
	控制变量	
	社会人口与心理特征	
	年龄	65～84 岁（11.40%）、85 岁及以上（88.60%）
	性别	女（69.16%）、男（30.84%）
	婚姻状况	无偶（84.65%）、有偶（15.35%）
	城乡	农村（47.55%）、城市（52.45%）
	地区	东部（51.37%）、中部（28.76%）、西部（19.88%）

续表5-1

年份	变量	分类及取值
	教育水平	文盲（71.65%）、小学（21.31%）、初中及以上（7.04%）
	自评生活质量	很好（11.81%）、好（57.78%）、一般（23.75%）、差（5.63%）、很差（1.03%）
	自变量	
	经济状况	
	家庭人均年收入	0～3000元（47.52%）、3001～8601元（36.50%）、8602元及以上（15.98%）
	健康状况	
	照料需要项目数	1～2项ADLs需要帮助（53.56%）、3～6项ADLs需要帮助（46.44%）
	是否患慢性病	否（37.69%）、是（62.31%）
	认知能力	24～30分（28.95%）、0-23分（71.05%）
	社会支持	
	居住方式	独居（7.37%）、仅与配偶同住（7.20%）、与子女同住（71.46%）、与其他家人同住（13.97%）
	健在子女数	1～2个（35.53%）、3～4个（35.50%）、5个及以上（28.97%）
	倾诉心事的对象	无人可说（5.36%）、向配偶倾诉（11.86%）、向子女倾诉（64.66%）、向其他人倾诉（18.12%）
	有无社区居家养老服务	无（67.86%）、有（32.14%）
2008年	**因变量**	
	照料需要满足状况	完全满足（43.84%）、部分未满足（55.01%）、完全未满足（1.15%）
	控制变量	
	社会人口与心理特征	
	年龄	65～84岁（9.24%）、85岁及以上（90.76%）
	性别	女（70.29%）、男（29.71%）
	婚姻状况	无偶（87.71%）、有偶（12.29%）
	城乡	农村（54.95%）、城市（45.05%）
	地区	东部（53.45%）、中部（28.44%）、西部（18.11%）

续表 5-1

年份	变量	分类及取值
	教育水平	文盲（76.86%）、小学（17.62%）、初中及以上（5.53%）
	自评生活质量	很好（9.56%）、好（63.82%）、一般（20.55%）、差（5.41%）、很差（0.66%）
	自变量	
	经济状况	
	家庭人均年收入	0~3000 元（30.17%）、3001~8601 元（33.10%）、8602 元及以上（36.73%）
	健康状况	
	照料需要项目数	1~2 项 ADLs 需要帮助（50.86%）、3~6 项 ADLs 需要帮助（49.14%）
	是否患慢性病	否（46.34%）、是（53.66%）
	认知能力	24~30 分（18.36%）、0~23 分（81.64%）
	社会支持	
	居住方式	独居（5.96%）、仅与配偶同住（5.79%）、与子女同住（74.73%）、与其他家人同住（13.53%）
	健在子女数	1~2 个（34.86%）、3~4 个（36.76%）、5 个及以上（28.38%）
	倾诉心事的对象	无人可说（8.15%）、向配偶倾诉（8.89%）、向子女倾诉（66.32%）、向其他人倾诉（16.64%）
	有无社区居家养老服务	无（71.50%）、有（28.50%）
2011 年	**因变量**	
	照料需要满足状况	完全满足（43.49%）、部分未满足（55.04%）、完全未满足（1.46%）
	控制变量	
	社会人口与心理特征	
	年龄	65~84 岁（18.37%）、85 岁及以上（81.63%）
	性别	女（64.34%）、男（35.66%）
	婚姻状况	无偶（78.54%）、有偶（21.46%）
	城乡	农村（46.82%）、城市（53.18%）

续表5-1

年份	变量	分类及取值
	地区	东部（48.96%）、中部（29.80%）、西部（21.24%）
	教育水平	文盲（70.87%）、小学（21.63%）、初中及以上（7.49%）
	自评生活质量	很好（14.88%）、好（51.80%）、一般（27.45%）、差（4.90%）、很差（0.96%）
	自变量	
	经济状况	
	家庭人均年收入	0~3000元（24.62%）、3001~8601元（28.51%）、8602元及以上（46.87%）
	健康状况	
	照料需要项目数	1~2项ADLs需要帮助（53.07%）、3~6项ADLs需要帮助（46.93%）
	是否患慢性病	否（39.94%）、是（60.06%）
	认知能力	24~30分（32%）、0~23分（68%）
	社会支持	
	居住方式	独居（9.07%）、仅与配偶同住（11.10%）、与子女同住（68.23%）、与其他家人同住（11.61%）
	健在子女数	1~2个（27.49%）、3~4个（37.58%）、5个及以上（34.93%）
	倾诉心事的对象	无人可说（6.20%）、向配偶倾诉（16.85%）、向子女倾诉（59.21%）、向其他人倾诉（17.75%）
	有无社区居家养老服务	无（46.87%）、有（53.13%）
2014年	**因变量**	
	照料需要满足状况	完全满足（46.94%）、部分未满足（51.96%）、完全未满足（1.37%）
	控制变量	
	社会人口与心理特征	
	年龄	65~84岁（21.46%）、85岁及以上（78.54%）
	性别	女（63.74%）、男（36.26%）

续表 5—1

年份	变量	分类及取值
	婚姻状况	无偶（74.89%）、有偶（25.11%）
	城乡	农村（47.31%）、城市（52.69%）
	地区	东部（51.96%）、中部（27.40%）、西部（20.64%）
	教育水平	文盲（69.13%）、小学（24.02%）、初中及以上（6.85%）
	自评生活质量	很好（16.44%）、好（54.70%）、一般（23.11%）、差（4.38%）、很差（1.37%）
自变量		
经济状况		
	家庭人均年收入	0~3000 元（16.99%）、3001~8601 元（26.21%）、8602 元及以上（56.80%）
健康状况		
	照料需要项目数	1~2 项 ADLs 需要帮助（51.96%）、3~6 项 ADLs 需要帮助（48.04%）
	是否患慢性病	否（37.44%）、是（62.56%）
	认知能力	24~30 分（32.97%）、0~23 分（67.03）
社会支持		
	居住方式	独居（10.78%）、仅与配偶同住（12.51%）、与子女同住（67.76%）、与其他家人同住（8.95%）
	健在子女数	1~2 个（28.31%）、3~4 个（37.17%）、5 个及以上（34.52%）
	倾诉心事的对象	无人可说（3.84%）、向配偶倾诉（19.91%）、向子女倾诉（63.47%）、向其他人倾诉（12.79%）
	有无社区居家养老服务	无（38.36%）、有（61.64%）

5.1.3 分析方法

本部分使用的数据为面板数据，旨在考察自变量对因变量在个体间及同一个体在不同年份之间的差异的影响，因此考虑使用适用于面板数据分析的固定效果模型或者随机效果模型。固定效果模型是使用组内差异来识别因时而异的自变量对因变量的影响，只有当自变量与因变量在组内（即同一个个体在不同年份之间)都发生了变化才适用。随机效果模型是同时使用组内差异与组间差异来识别自变量对因变量的影响。

通过对所使用的面板数据的描述发现,在最终进入分析的8688位个体中,7498位个体仅参与了一期的调查,占86.3%;剩余1190位被访个体参与了2~4期的调查,但其中602位个体的照料需要满足状况在所参与的多期调查中完全没有发生变化,这一比例超过了参与多次调查的个体总数的一半。基于这一数据结构可知,照料需要满足状况的变异更多地由个体之间的差异而非个体内部的差异来解释。由于固定效果模型仅使用个体内部的差异来识别自变量对因变量的影响,而随机效果模型同时考虑个体之间与个体内部的差异,因此本章最终选用随机效果模型。

我们通常根据所使用的因变量的类型来决定所使用的回归方法。本章所使用的因变量为照料需要满足状况,包括完全满足的照料需要、部分未满足的照料需要和完全未满足的照料需要三类。这一变量既可以看作定类变量,表示照料需要满足情况的三种类别;也可以视为定序变量,表示照料需要满足程度的高低。因而可以考虑使用多分类逻辑回归方法与有序逻辑回归方法。根据4.2.1对具有三种照料需要满足状况的失能老人的特征比较发现,与需要满足的老年人相比,照料需要部分未满足与完全未满足的老年人在个别反映健康状况与社会支持的变量上的变化方向并不一致。举例来看,照料需要完全满足的老年人的功能发挥处于中等水平,照料需要部分未满足的老年人功能障碍最严重,而照料需要完全未满足的老年人功能发挥相对最好。那么,如果此处使用有序逻辑回归方法可能会模糊部分未满足的需要与完全未满足的需要的差异。为了进一步确定所使用的回归方法,我们同时使用多分类逻辑回归的随机效果模型与有序逻辑回归的随机效果模型,结果发现,后者确实模糊了部分未满足的需要与完全未满足的需要在失能程度上的差异。具体来看,在多分类逻辑回归的随机效果模型中,与完全满足的需要相比,中、重度失能老人照料需要完全未满足的可能性更低,但照料需要部分未满足的可能性更高;然而有序逻辑回归的随机效果模型显示,中、重度失能老人比轻度失能老人的照料需要满足程度更低。因此,本章最终采用多分类逻辑回归的随机效果模型。在此基础上,本部分将部分未满足的照料需要与完全未满足的照料需要合并为一类,统称为未满足的照料需要并取值为1,将完全满足的照料需要取值为

0，通过二元逻辑回归的随机效果模型，进一步检验上述回归结果的稳健性，并验证将部分未满足与完全未满足的照料需要合并可能导致的结论偏颇。

5.1.4 研究结果

（1）多分类逻辑回归的随机效果模型

表 5-2 给出了多分类逻辑回归的随机效果模型估计结果。表 5-2 模型 1 仅包括反映经济状况的变量与社会人口、心理特征；模型 2 仅包括健康状况相关变量与社会人口、心理特征；模型 3 仅包括社会支持相关变量与社会人口、心理特征；模型 4 在前三个模型的基础上，同时纳入反映经济状况、健康状况、社会支持以及社会人口、心理特征的变量。模型 4 主要考察纳入其他因素后，经济状况、健康状况与社会支持对照料需要满足状况的影响是否发生变化。为便于解释，表 5-2 列出的是系数风险比（Odds ratio），分别表示照料需要部分未满足的概率、照料需要完全未满足的概率与照料需要完全未满足的概率的比值。由于因变量测量分别为"部分未满足的照料需要"与"完全未满足的照料需要"，风险比的取值若大于 1，表明照料需要部分未满足或完全未满足的概率更高。

表 5-2 多分类逻辑回归的随机效果模型估计结果

	模型 1	模型 2	模型 3	模型 4
完全满足的照料需要（参考组）				
部分未满足的照料需要				
85 岁及以上	1.036625	0.8687274+	1.033208	0.8654067+
男性	1.073616	1.158933**	1.084739	1.167023**
有偶	1.01904	1.046901	1.258021+	1.240162+
城市	0.906504*	0.8638154**	0.8308541***	0.9353741
地区				
东部	参考组	参考组	参考组	参考组
中部	0.9746156	1.023778	1.047054	0.9948608
西部	1.25024***	1.248791***	1.320517***	1.196024**
教育水平				

续表5-2

	模型1	模型2	模型3	模型4
文盲	参考组	参考组	参考组	参考组
小学	0.9260556	0.9589059	0.910973	0.9896187
初中	0.9193321	0.939014	0.8463331+	0.9792647
自评生活质量				
很好	参考组	参考组	参考组	参考组
好	2.804922***	2.201659***	2.814743***	2.139631***
一般	5.211804***	4.864144***	5.358429***	4.605955***
差	10.4571***	8.740406***	10.6877***	7.958968***
很差	11.78205***	9.498776***	11.63754***	8.034004***
家庭人均年收入				
0~3000元	参考组			参考组
3001~8601元	0.7575151***			0.7621724***
8602元及以上	0.6938954***			0.67954***
3~6项ADLs需要照料		1.585719***		1.601605***
患慢性病		1.0236		1.0313
认知能力		0.9740424***		0.9749005***
居住方式				
独居			参考组	参考组
仅与配偶同住			0.6211686***	0.5902218***
与子女同住			0.8320211*	0.744862***
与其他家人同住			0.9438378	0.8450462
健在子女数				
0~2个			参考组	参考组
3~4个			0.8892626*	0.9104764+
5个及以上			0.8027109***	0.8439863**
倾诉心事的对象				
无人可说			参考组	参考组
向配偶倾诉			0.6091151***	0.7518439+

续表 5-2

	模型 1	模型 2	模型 3	模型 4
向子女倾诉			0.6327934***	0.7829611**
向其他人倾诉			0.5939262***	0.7334481**
有社区居家养老服务			1.154464**	1.237165***
常数项	0.5249807***	0.6532168***	0.8164251	1.311994
完全未满足的照料需要				
85 岁及以上	0.2615932***	0.3052446***	0.3169735***	0.3491989***
男性	0.8354652	0.830172	0.8165626	0.7984503
有偶	1.068708	1.164473	1.868047	1.935342
城市	0.7875092	0.7667766	0.7999241	0.8155977
地区				
东部	参考组	参考组	参考组	参考组
中部	0.5908454*	0.6017093*	0.6418674+	0.6110874+
西部	1.435098	1.529175+	1.506495+	1.609882+
教育水平				
文盲	参考组	参考组	参考组	参考组
小学	0.9691275	0.9437831	0.9562966	0.9362066
初中	1.070008	1.08252	1.061518	1.078171
自评生活质量				
很好	参考组	参考组	参考组	参考组
好	1.226931	1.452985	1.155933	1.321897
一般	3.070357***	3.472809***	2.815026**	2.969309**
差	6.080545***	8.942116***	5.2155**	6.552145***
很差	9.698743**	17.498***	6.931319**	10.80022**
家庭人均年收入				
0～3000 元	参考组			参考组
3001～8601 元	0.8528401			0.939855
8602 元及以上	0.8602834			0.9617269
3～6 项 ADLs 需要照料		0.1503426***		0.157422***

续表5-2

	模型1	模型2	模型3	模型4
患慢性病		0.8689952		0.858006
认知能力		1.002584		1.005444
居住方式				
独居			参考组	参考组
仅与配偶同住			0.2772653**	0.3048506**
与子女同住			0.2888292***	0.3264909***
与其他家人同住			0.1422671***	0.1640188***
健在子女数				
0～2个			参考组	参考组
3～4个			0.7239319	0.7033502
5个及以上			1.073524	1.065534
倾诉心事的对象				
无人可说			参考组	参考组
向配偶倾诉			0.2713401**	0.2641978**
向子女倾诉			0.3513342***	0.3256162***
向其他人倾诉			0.4932859+	0.455541*
有社区居家养老服务			1.046096	1.025546
常数项	0.0359252***	0.0442788***	0.2863792+	0.3089319
对数似然比	−7041.7319	−6862.6767	−7011.2115	−6797.7492

注：(1) 样本量为10036；(2) 显著性，$P+<0.1$，$P^*<0.05$，$P^{**}<0.01$，$P^{***}<0.001$。(3) 表格中呈现的是风险比。

模型1在控制变量的基础上考察了经济状况与因变量的关系。结果显示，家庭人均年收入对部分未满足的需要的影响非常显著（$P=0.000$），家庭人均年收入越高，失能老人具有部分未满足的照料需要的可能性越小；但家庭人均年收入对完全未满足的需要没有影响。具体而言，与家庭人均年收入低的失能老人相比，家庭人均年收入处于中等水平的失能老人具有部分未满足的需要比具有完全满足的需要的可能性低24%，家庭人均年收入处于高水平的失能老人具有部分未满足的需要比具有完全满足的需要的可能性低30%。除了经济状况，控制变量中的城乡、地区以及自评生活质量对部分未满足的需要具有显著的影响，年龄与自评生活质量对完全未满足的需要的影响显著。具体来看，与农村失能老人相比，城市失能老人具有部分未满足的需要比具有完全满足的需要的可能性小10%。与东部地区相比，西部地区的失能老人具有部分未满足的需要比具有完全满足的需要的风险高25%。失能老人的自评生活质量越差，具有部分未满足与完全未满足的需要的风险越高。与中低龄失能老人相比，高龄失能老人具有完全未满足的需要比具有完全满足的需要的可能性低74%。

　　模型2在控制变量的基础上考察了健康状况与因变量的关系。结果显示，照料需要项目数对部分未满足的需要与完全未满足的需要都具有显著影响，但影响方向并不一样；而认知能力仅影响部分未满足的照料需要。需要帮助的项目数越多，失能老人具有部分未满足的需要的风险越高，而具有完全未满足的需要的风险更低；认知能力越高，失能老人具有部分未满足的需要的可能性越小。具体来看，与1~2项ADLs需要帮助的失能老人相比，3项及以上ADLs需要帮助的失能老人具有部分未满足的需要比具有完全满足的需要的可能性高59%，而具有完全未满足的需要比具有完全满足的需要的可能性低85%。认知能力每增加一分，失能老人具有部分未满足的需要比具有完全满足的需要的可能性降低3%。除了健康相关变量，控制变量中的年龄、性别、城乡、地区以及自评生活质量对部分未满足的需要具有显著的影响，年龄、地区以及自评生活质量对完全未满足的需要的影响显著。具体来看，与中低龄失能老人相比，高龄失能老人具有部分未满足的需要比具有完全满足的需要的可能性低13%，而具有完全未满足的需要的可能性低70%。与女性失能老人相比，男性失能老人具有部分未满足的需要比具有完全满足的需要的风险高16%。与农村失能老人相比，城市失能老人具有部分未满足的需要比具有完全满足的需要的可能性小14%。与东部地区相比，西部地区的失能老人具有部分未满足与完全未满足的需要分别比具有完全满足的需要的可能性大25%、53%。失能老人具有部分未满足与完全未满足的需要的风险随着自评生活质量变差而成倍增长。

　　模型3在控制变量的基础上考察了社会支持与因变量的关系。居住方式以及倾诉心事的对象对部分未满足的需要与完全未满足的需要都具有显著影响，且影响方向一致；而健在子女数与社区养老服务只对部分未满足的照料需要具有显著的影响。与家人同住的失能老人具有部分未满足与完全未满足的需要的可能性更低；有倾诉心事的对象的失能老人具有部分未满足与完全未满足的需要的风险更小；健在子女数越多，失能老人具有部分未满足的需要的概率越低；所在社区有养老服务的失能老人具有部分未满足的需要的可能性更高。具体来看，与独居失能老人相比，仅与配偶同住的失能老人具有部分未满足的需要与完全未满足的需要分别比具有完全满足的需要的可能性低38%、72%，与子女同住的失能老人具有部分未满足的需要与完全未满足的需要分别比具有完全满足的需要的可能性低17%、71%，与其他家人同住的失能老人具有完全未满足的需要比具有完全满足的需要的可能性低86%。与拥有0~2个健在子女的失能老人相比，拥有3~4个子女的失能老人具有部分未满足的需要比具有完全满足的需要的可能性低11%，健在子女数在5个及以上的失能老人具有部分未满足的需要比具有完全满足的需要的可能性低20%。与有心事无人可说的失能老人相比，有心事向配偶倾诉的失能老人具有部分未满足的需要与完全未满足的需要分别比具有完全满足的需要的可能性低39%、73%，有心事向子女倾诉的失能老人具有部分未满足的需要与完全未满足的需要分别比具有完全满足的需要的可能性低37%、65%，有心事向其他人倾诉的失能老人具有部分未满足的需要与完全未满足的需要分别比具有完全满足的需要的可能性低40%、50%。与所在社区没有养老服务的失能老人相比，所在社区有养老服务的失能老人具有部分未满足的需要比具有完全满足的需要的可能性高15%。除了社会支持相关变量，控制变量中的城乡、地区与自评生活质量对部分未满足的需要具有显著影响，年龄与自评生活质量对完全未满足的需要的影响显著。具体来说，与农村失能老人相比，城市失能老人具有部分未满足的需要比具有完全满足的需要的可能性小17%。与东部地区相比，西部地区的失能老人具有部分未满足的需要比具有完全满足的需要的可能性大32%。自评生活质量越差，失能老人具有部分未满足与完全未满足的需要的风险更高。与中低龄失能老人相比，高龄失能老人具有完全未满足的需要比具有完全满足的需要的可能性低68%。

模型4是全模型，考察了控制变量和所有自变量对于因变量的影响。在主要的自变量方面，照料需要项目数、居住方式及倾诉心事的对象对部分未满足与完全未满足的照料需要都具有显著的影响，但照料需要项目数对二者的影响方向并不一样；家庭人均年收入、认知能力、健在子女数以及社区养老服务仅对部分未满足的照料需要影响显著。家庭人均年收入以及反映健状况的相关变量对未满足的照料需要影响的方向、程度以及显著度，相比模型 1 与模型 2 几乎没有变化，由此可见，经济状况与健康状况对未满足的需要的影响显著且稳健。在控制了社会人口特征、经济状况与健康状况后，反映社会支持的相关变量对未满足的照料需要依然具有非常显著的影响；而且居住方式与社区养老服务的显著度有所提高，并且与家人同住可以更大程度地降低失能老人未满足的照料需要的风险，而所在社区有养老服务会更大程度地提高失能老人部分未满足的需要的风险。除此以外，控制变量中的年龄、地区以及自评生活质量对部分未满足与完全未满足的需要都具有显著的影响，而性别只影响部分未满足的需要。具体来说，中低龄、男性、西部以及自评生活质量越差的失能老人具有部分未满足的需要的风险更大；中低龄、西部以及自评生活质量较差的失能老人照料需要完全未满足的风险更高。

(2) 稳健性检验

为了进一步检验上述回归结果的稳健性，并验证将部分未满足与完全未满足的照料需要合并是否会导致结论偏颇，本部分以照料需要是否满足为因变量，以经济状况、健康状况以及社会支持为自变量，以社会人口与心理特征为控制变量，进行了二分类逻辑回归的随机效果模型分析，结果见表 5-3。为便于解释，表 5-3 列出了系数风险比，表示照料需要未满足的概率与照料需要满足的概率的比值，风险比的取值若大于 1，表明照料需要未满足的概率更高。

表 5-3　二分类逻辑回归的随机效果模型估计结果

	风险比	标准误	Z	显著性	95% 置信区间	
					下限	上限
85 岁及以上	0.8324764	0.0635185	-2.4	0.016	0.7168441	0.9667611
男性	1.156366	0.0666649	2.52	0.012	1.032817	1.294695
有偶	1.255466	0.1491654	1.91	0.056	0.9946524	1.584669
城市	0.9329815	0.044504	-1.45	0.146	0.8497086	1.024415
地区						
东部	参考组					
中部	0.985929	0.0520422	-0.27	0.788	0.8890272	1.093393

续表5-3

	风险比	标准误	Z	显著性	95% 置信区间	
					下限	上限
西部	1.202108	0.0731441	3.03	0.002	1.066966	1.354366
教育水平						
文盲			参考组			
小学	0.9878074	0.0626057	−0.19	0.847	0.8724176	1.118459
初中	0.9819738	0.0964554	−0.19	0.853	0.8100088	1.190447
自评生活质量						
很好			参考组			
好	2.105087	0.161543	9.7	0.000	1.811129	2.446757
一般	4.526432	0.4144426	16.49	0.000	3.782853	5.416172
差	7.866883	1.144325	14.18	0.000	5.915425	10.46211
很差	8.023299	2.451782	6.81	0.000	4.407988	14.60379
家庭人均年收入						
0~3000元			参考组			
3001~8601元	0.7648523	0.0427496	−4.8	0.000	0.6854908	0.8534017
8602元及以上	0.6847438	0.0413492	−6.27	0.000	0.608313	0.7707777
3~6项ADLs需要照料	1.550443	0.0751694	9.05	0.000	1.409897	1.705
患慢性病	1.02783	0.047925	0.59	0.556	0.9380627	1.126187
认知能力	0.9754532	0.0024665	−9.83	0.000	0.9706309	0.9802995
居住方式						
独居			参考组			
仅与配偶同住	0.5743035	0.0813079	−3.92	0.000	0.4351422	0.7579693
与子女同住	0.7183507	0.0644683	−3.69	0.000	0.6024841	0.8565002
与其他家人同住	0.8042334	0.087951	−1.99	0.046	0.6490747	0.9964821
健在子女数						
0~2个			参考组			
3~4个	0.9057267	0.0494071	−1.82	0.069	0.8138876	1.007929
5个及以上	0.8496231	0.0491155	−2.82	0.005	0.7586118	0.9515531

续表 5-3

	风险比	标准误	Z	显著性	95% 置信区间	
					下限	上限
倾诉心事的对象						
无人可说			参考组			
向配偶倾诉	0.7296637	0.1121072	−2.05	0.04	0.5399359	0.9860599
向子女倾诉	0.7677803	0.0754813	−2.69	0.007	0.6332198	0.9309353
向其他人倾诉	0.726188	0.0806248	−2.88	0.004	0.5841773	0.9027208
有社区居家养老服务	1.231966	0.0578664	4.44	0.000	1.123614	1.350767
常数项	1.504531	0.2555542	2.4	0.016	1.078497	2.098858
模型卡方（Wald chi2）			579.75***			
对数似然比			−6294.5942			
样本量			10036			

注：显著性，$P^{***}<0.001$。

与上述回归结果一致，经济状况、健康状况与社会支持对未满足的照料需要具有显著影响，回归结果较为稳健。具体来看，家庭人均年收入越低、3~6项 ADLs 需要帮助、认知能力较低、独居、健在子女数较少、无人倾诉心事以及所在社区有养老服务的失能老人，具有未满足的照料需要的风险更高。除此以外，控制变量中的年龄、性别、地区以及自评生活质量对未满足的照料需要具有显著影响。具体来说，中低龄、男性、西部以及自评生活质量越差的失能老人具有未满足的照料需要的风险更大。

然而，值得我们注意的是，与上述回归结果不一样，虽然家庭人均年收入、照料需要项目数、认知能力、居住方式、健在子女数、有无人倾诉心事以及所在社区有无养老服务显著影响失能老人未满足的需要，但是此处掩盖了家庭人均年收入、照料需要项目数、认知能力、健在子女数及所在社区有无养老服务对部分未满足与完全未满足的需要的影响的差异。进一步说明，本研究将照料需要满足状况分为三类，选择使用多分类逻辑回归的随机效果模型，纠正了已有研究将部分未满足与完全未满足的照料需要合并所导致的结论偏颇。

5.2 年龄的调节效应

5.2.1 数据选择与介绍

本节旨在 5.1 节的基础上进一步考察年龄的调节效应，因此依然采用与 5.1 节相同的数据，即 2005 年、2008 年、2011 年与 2014 年四期的面板数据。由于 5.1.1 部分已对所用数据进行了详细解释，此处不再赘述。

5.2.2 变量的选取与测量

本节需要检验年龄对居住方式与照料需要满足状况的关系的调节效应，因此所使用的因变量、控制变量不变，在自变量的基础上纳入年龄与居住方式的交互项。此处年龄依然为中低龄（取值为 0）与高龄（取值为 1）两类，居住方式由原来的四类合并为独居（取值为 0）和与家人同住（取值为 1）两类，那么年龄与居住方式的交互项则为年龄*居住方式的 0、1 变量，取值为 1 代表高龄且与家人同住，取值为 0 包括三种情况：中低龄且独居、中低龄且与家人同住、高龄且独居。关于因变量、其他自变量以及控制变量的测量已在 5.1.2 部分进行了详细说明，此处不再赘述。

5.2.3 分析方法

本节旨在 5.1 节的基础上检验年龄对居住方式与照料需要满足状况的关系的调节效应，因此依然沿用 5.1 节的多分类逻辑回归的随机效果模型。考虑到 5.1.3 部分已对这一分析方法进行了详细说明，此处不再赘述。

5.2.4 研究结果

模型 5 在模型 4 的基础上纳入了年龄与居住方式的互动项，从而考察年龄在居住方式对需要满足状况的影响上的调节效应。结果显示，在纳入年龄*居住方式的交互变量后，年龄*居住方式对部分未满足的照料需要具有显著的影响，而居住方式对部分未满足的照料需要的影响由显著变为不显著，说明年龄在居住方式与部分未满足的照料需要的关系上存在显著的调节效应；与其他失能老人相比,与家人同住的高龄老人具有部分未满足的照料需要的风险降低了42%。虽然年龄 * 居住方式对完全未满足的照料需要的影响并不显著,但在回归模型纳入年龄 * 居住方式的交互变量后,居住方式对完全未满足的照料需要的影响程度以及显著程度都有所降低。在没有考虑年龄的调节效应时,与独居失能老人相比,仅与配偶同住、与子女同住、与其他家人同住可以分别降低失能老人70%、67%、84%无人照料的风险,且显著程度分别为0.01、0.000与0.000;但在纳入年龄 * 居住方式的交互变量后,与独居失能老人相比,仅与配偶同住、与子女同住、与其他家人同住可以分别降低失能老人66%、63%、82%无人照料的风险,且显著程度分别为0.065、0.031、0.006。

表 5-4 年龄的调节效应

	模型 4	模型 5
完全满足的照料需要(参考组)		
部分未满足的照料需要		
85 岁及以上	0.8654067+	1.405356
男性	1.167023**	1.166796**
有偶	1.240162+	1.229445+
城市	0.9353741	0.9366323
地区		
东部	参考组	参考组
中部	0.9948608	0.9954461
西部	1.196024**	1.195324**
教育水平		
文盲	参考组	参考组
小学	0.9896187	0.9908512
初中	0.9792647	0.9792957
自评生活质量		
很好	参考组	参考组
好	2.139631***	2.135689***

续表5-4

	模型4	模型5
一般	4.605955***	4.593206***
差	7.958968***	7.919406***
很差	8.034004***	7.976761***
家庭人均年收入		
0~3000元	参考组	参考组
3001~8601元	0.7621724***	0.7628621***
8602元及以上	0.67954***	0.6801539***
3~6项ADLs需要照料	1.601605***	1.601576***
患慢性病	1.0313	1.028634
认知能力	0.9749005***	0.9748998***
居住方式		
独居	参考组	参考组
仅与配偶同住	0.5902218***	0.9227195
与子女同住	0.744862***	1.175489
与其他家人同住	0.8450462	1.335992
健在子女数		
0~2个	参考组	参考组
3~4个	0.9104764+	0.9103545+
5个及以上	0.8439863**	0.8445741**
倾诉心事的对象		
无人可说	参考组	参考组
向配偶倾诉	0.7518439+	0.7479557+

续表 5—4

	模型 4	模型 5
向子女倾诉	0.7829611**	0.7855722**
向其他人倾诉	0.7334481**	0.7355738**
有社区居家养老服务	1.237165***	1.236491***
年龄*居住方式		0.5803569*
常数项	1.311994	0.8771836
完全未满足的照料需要		
85 岁及以上	0.3491989***	0.3968782+
男性	0.7984503	0.7922681
有偶	1.935342	1.954407
城市	0.8155977	0.8144375
地区		
东部	参考组	参考组
中部	0.6110874+	0.60913+
西部	1.609882+	1.604718+
教育水平		
文盲	参考组	参考组
小学	0.9362066	0.9348018
初中	1.078171	1.078292
自评生活质量		
很好	参考组	参考组
好	1.321897	1.314397
一般	2.969309**	2.931716
差	6.552145***	6.442657
很差	10.80022**	10.54959
家庭人均年收入		
0~3000 元	参考组	参考组
3001~8601 元	0.939855	0.9449525

续表5—4

	模型4	模型5
8602元及以上	0.9617269	0.9693504
3~6项 ADLs 需要照料	0.157422***	0.1566629***
患慢性病	0.858006	0.8608736
认知能力	1.005444	1.005924
居住方式		
独居	参考组	参考组
仅与配偶同住	0.3048506**	0.3448691+
与子女同住	0.3264909***	0.3671697*
与其他家人同住	0.1640188***	0.1843**
健在子女数		
0~2个	参考组	参考组
3~4个	0.7033502	0.7043581
5个及以上	1.065534	1.068265
倾诉心事的对象		
无人可说	参考组	参考组
向配偶倾诉	0.2641978**	0.26275**
向子女倾诉	0.3256162***	0.3232209***
向其他人倾诉	0.4555411*	0.4514639*
有社区居家养老服务	1.025546	1.024499
年龄 * 居住方式		0.9028954
常数项	0.3089319	0.2681954+

注：(1) 样本量为10036；(2) 显著性，$P+<0.1$，$P^*<0.05$，$P^{**}<0.01$，$P^{***}<0.001$；(3) 表格中呈现的是风险比。

5.3 小结与讨论

（1）家庭经济状况对未满足的照料需要的影响显著且稳健，较好的家庭经济状况能显著降低失能老人部分未满足的照料需要的风险，但对完全未满足的照料需要却没有影响。

经济状况对完全未满足的照料需要的影响与已有研究并不一致，美国已有研究表明贫困人口无人照料的风险更高（Allen & Mor, 1997; Siegel 等, 1991），可能的原因是我国的老年照料以家庭的无偿照料为主，所以老年人的支付力不会影响家人是否提供照料。与中国相比，美国老人更多使用有偿的社会照料，因此贫困所带来的支付力降低自然会限制老年人对社会照料的获取能力。一方面，这进一步印证了家庭现代化理论在被应用于中国研究尤其是中国养老研究时的特殊性，也就是说孝道文化深厚的中国家庭的凝聚力仍具有较强的抗逆力和适应性，在老年照料方面表现为以无偿的家庭养老照料为主；另一方面，正是因为我国老年照料的这种家庭属性，证明了原来被用于解释正式的卫生服务利用的安德森卫生服务利用模型，在被用于解释非正式的养老服务利用时具有明显的水土不服症状。

经济状况对部分未满足的照料需要的影响与黄匡时（2014）的研究一致，即生活来源不够用的失能老人比生活来源够用的失能老人更有可能存在部分未满足的需要。这主要是因为我国当前的老年照料服务利用呈"亲中高收入群体"的倾向（杜鹏、王永梅，2017）。通过进一步分析失能老人的主要照料者分布情况发现，家庭人均年收入越高，老年人使用社会照料服务的比例明显越高，而且对社会照料服务所做出的评价也越高。也就是说，家庭经济状况越好，老年人对社会照料服务的支付力就越强，也越有可能购买到满足需求的高质量的社会照料服务。

（2）健康状况对照料需要满足状况的影响显著且稳健，功能障碍加剧会增加失能老人具有部分未满足的照料需要的风险，但会降低照料需要完全未满足的风险。

需要照料的项目数越多，失能老人具有部分未满足的照料需要的风险越大，而具有完全未满足的照料需要的风险却越小，这与 Gibson 与 Verma

(2006) 的研究结果一致；认知能力受损会显著提高失能老人具有部分未满足的照料需要的风险，但并没有影响完全未满足的照料需要。上述结果表明，功能严重受损是失能老人获得照料的硬性约束条件，对于需要日常生活照料项目数越多的失能老人或者具有认知障碍的失能老人来说，无人照料会存在很大的风险，因此大多情况下家人会承担起照料的责任，即使家人无法直接提供照料，也会购买社会服务。我们通过进一步对比所需照料项目数不同的失能老人的主要照料者可知，仅有 0.15% 的需要三项及以上 ADLs 帮助的失能老人无人照料，这一比例远远低于需要 1~2 项 ADLs 帮助的老年人；九成以上需要三项及以上 ADLs 帮助的失能老人的主要照料者是家人，这一比例与 1~2 项 ADLs 需要照料的老年人差不多；但需要三项及以上 ADLs 帮助的失能老人主要由保姆照料的比例是 1~2 项 ADLs 需要照料的老年人的两倍，而且在需要照料的项目数大于等于三项的失能老人中，约八成老人雇佣保姆的费用由子女及其孙子女承担。综上可知，虽然现代化所带来的家庭结构与关系的巨大改变在一定程度上削弱了家庭的养老功能，但是家庭依然通过直接照料或间接购买服务的方式在老年照料中发挥着托底保障的作用。与此同时，我们必须看到照料躯体与认知功能严重受损的失能老人对现代家庭提出了巨大挑战。通过进一步比较躯体与认知功能障碍严重的失能老人对家庭照料者与正式照料者的评价发现，与正式照料者相比，更多的家庭照料者在照料过程中表现出力不从心、不耐烦及不情愿。由此可见，照料功能受损严重的老年人不仅加重了家庭照料者的负担，而且要求其具有专业的照料水平。因此，既有的照料服务很难完全满足失能老人的照料需要，也免不了影响照料者与老年人的关系及家庭的发展。

上述结论提醒我们，相关理论在被应用于中国情境时需要重新进行审视。一是未满足的需要理论指出，失能程度与未满足的照料需要之间呈显著正相关；但我们的研究证明，在中国的老年照料中，失能程度与部分未满足的需要、完全未满足的需要之间的关系并不一样，不宜一概而论。未满足的需要理论最初起源于发达国家的正式照料服务，并未兼顾家庭在照料服务中所发挥的作用，然而在中国，由于家庭养老所起的核心作用，老年人失能程度的加剧反而会降低其无人照料的风险，这说明了本研究将未满足的需要在中国情境下进行细分的合理性与必要性。二是我们的研究结论与安德森卫生服务利用模型的结论不同，在卫生服务利用中健康状况是需要因素；但是在中国的老年照料中，健康状况既是需要因素也是使能因素。安德森卫生服务利用模型是针对正式服务利用提出的，并未考察非正式服务利用中家庭所起的复杂影响，而我国的老年照料服务大多由家人提供，老年人对家人照料的偏好及子女基于孝道所做出的照料行为无法用卫生服务利用模型得以阐明。此外值得一提的是，是否患慢性疾病对照料需要满足状况没有显著影响，这在一定程度上验证了失能的功能障碍模型所指出的疾病与失能之间并非简单的线性关系。

（3）较多的健在子女能显著降低失能老人具有部分未满足的照料需要的风险，但对完全未满足的照料需要没有显著影响。

关于子女数对部分未满足的影响分析和顾大男与Vlosky（2008）的研究结果一致，但已有研究并未考察健在子女数对完全未满足的照料需要的影响。可能的解释是，基于我国深厚的孝道文化传统，子女赡养父母在我国依然是主要的养老方式，虽然受到生育率降低的影响，但最近的数据依然证明九成以上需要照料的失能老人都由子女照料，即便是没有子女，政府对这样的弱势老人（如"三无"老人）也有相应的集中供养服务，因此没有子女的失能老人无人照料的可能性也很小；但是从另一方面来看，子女数越多，可能提供的照料越充足，那么失能老人照料需要完全满足的可能性相应也就越大。也就是说，虽然当前阶段子女数的减少并不会显著增加失能老人无人照料的风险，却为失能老人获得充足照料提出了巨大挑战。

该结论在第（1）条的基础上进一步说明了家庭现代化理论被应用于中国养老的特殊性：一是现代化带来的家庭规模小型化、家庭结构核心化，使得位于夹层的能够提供照料的子女数减少且照料负担加重，但现阶段子女照料依然发挥着托底作用；二是虽然中国在养老方面的家庭凝聚力并没有遭到破坏，但是子女数量的持续减少会削弱照料质量，影响失能老人在老年照料方面的获得感。

（4）与家人同住能为失能老人照料需要的满足锦上添花，尤其是高龄老人。

与家人同住会降低失能老人需要部分未满足与完全未满足的照料风险，这与已有研究的结论一致。通过进一步比较主要家庭照料者提供照料的时长在独居老人和与家人同住的老人之间的差异发现，与家人同住的老人的主要家庭照料者提供照料的时长明显大于独居老人，因此长时间的照料帮助更有可能满足老年人的照料需要；此外，我们不能忽视养老偏好和文化的效应，家人提供的非正式照料仍然是我国老年人最为偏好的养老方式，不仅过去和当下有95%以上与家人同住的老年人的照料者是家人，而且近95%[①]的老年人也表示未来选择在自己家或子女家养老，因此老年人对家庭照料的偏好有可能会提高对家庭照料的评价。

本研究显示年龄是居住方式对部分未满足的照料需要的影响的重要调节变量，与家人同住的高龄老人具有部分未满足的照料需要的风险降低了约50%。对于这一结果可能的解释有两点：一是因为高龄老人的健康状况可能更差，需要长期的日常生活照料，与家人同住则更方便家人提供长期照料，从而大大改善家庭照料对需要的满足状况；二是老一代的老年人更偏好家庭养老尤其是子女养老。我们利用CLASS数据比较不同年龄段的老年人是否赞成"养儿防老"这一观点及对主要照料者的偏好，发现年龄越大的老年人，赞同"养儿防老"这一观点的比例越高，认为子女应该承担主要照料责任的比例也更高[②]。基于老一代的老年人对家庭养老的这种偏好，其对家庭照料所做出的评价也会相对较高。

上述结论验证了老年迁居的生命周期理论被用于解释家庭支持对照料需要满足状况的贡献时的适用性，同时也揭示了其特殊性。一方面，寻求照料帮助是老年人与家人同住的源动力，因此与家人同住无疑会提高老年人照料需要的满足程度；另一方面，由于不同年龄段的老年人对照料者的主观偏好有所改变，因此与家人同住对老年人的照料需要满足状况的贡献也会因年龄段而有所差异。

（5）与无人可说的失能老人相比，有人倾诉心事的失能老人具有部分未满足与完全未满足的照料需要的风险更低。

我们通过进一步比较有无人倾诉心事的失能老人的主要照料者发现，无人倾诉心事的失能老人无人照料的比例高于有人倾诉心事的老年人。虽然91%无人倾诉心事的失能老人的主要照料者是家人，但这一比例显著低于可以向配偶或子女倾诉心事的老年人。再进一步比较有无人倾诉心事的失能老人对家庭照料者的评价可知，更多无人倾诉心事的失能老人反映家庭照料者在照料过程中表现出不耐烦、力不从心以及不情愿的负面情绪。由此可以看出，家人对老

---

① 数据来源：中国老年社会追踪调查（CLASS），中国人民大学老年学研究所，2014。
② 数据来源：中国老年社会追踪调查（CLASS），中国人民大学老年学研究所，2014。

年人的情感支持与生活照料呈整体性特征，即与家人的情感关系越亲密，失能老人越有可能获得家人的照料，并且家庭照料者的表现也更为积极，更有利于照料需要的满足。

上述结论在第（1）条和第（3）条的基础上，对家庭现代化理论被用于解释中国老年人的照料需要满足状况时做了新的补充。也就是说，对于中国的养老，家庭凝聚力的抗逆力和适应性不仅体现在照料服务上，还体现在精神慰藉方面。

（6）所在社区有养老服务会提高失能老人具有部分未满足的照料需要的风险，但并未影响完全未满足的照料需要。

所在社区提供养老服务提高了失能老人照料需要部分未满足的风险，这一结果可能反映的是失能老人对正式照料服务的不满。我们通过进一步比较所在社区是否提供养老服务的失能老人的主要照料者发现，与所在社区没有提供养老服务的失能老人相比，更多所在社区提供了养老服务的老年人选择了社会或市场提供的照料服务。因此可以推论，有社区养老服务提高了失能老人具有部分未满足的需要的风险，在一定程度上反映了老年人对正式照料服务的不满，但是由于缺乏相应的社区养老服务的使用与评价信息，而无法进一步验证。此外，本研究发现社区居家养老服务对完全未满足的需要没有显著影响，这一结果与 Davey 等（2013）的研究结果一致，但与 Komisar 等（2005）的研究不一致，Komisar 等的研究发现政府补贴的居家照料服务使用率越高的地区，无人照料的老年人比例越低，可能的原因在于 Komisar 等测量的是政府补贴的居家照料服务，而且测量的是服务利用率而非服务覆盖率，因此，这种低偿或无偿的形式会提高老年人对居家照料服务的使用率，从而降低无人照料的风险。

6 失能老人未满足的照料需要的健康后果评估

本研究的理论分析框架不仅对 Allen 等的未满足的需要模型进行了细分，还基于已有研究，对失能老人未满足的需要可能带来的健康后果进行了延伸。本章则旨在使用宏观数据对这一理论模型延伸的必要性与合理性进行验证，同时证明未满足的照料需要对供需匹配实现的重要性和有效性，最终回答第三个研究问题。本章将参考生物-心理-社会医学模型，分生物医学与社会心理两个层面，各个层面分别选取两个指标，其中，选取死亡与住院反映生物医学层面健康状况，选取孤独感与自评生活质量反映社会心理层面健康状况，从而综合考察照料需要未满足可能对失能老人健康带来的负面影响。

6.1 数据的选择与介绍

本章旨在评估未满足的需要可能对个体后续的健康所造成的不良影响，因此需要使用面板数据。CLHLS 从 2005 年开始收集照料需要满足信息，而 2018 年 CLHLS 约八成的被访者是第一次参与该调查，无法实现追踪分析，因而本章考虑使用 2005 年、2008 年、2011 年与 2014 年中任意连续两期、任意连续三期或所有四期的面板数据。在此基础上，我们分析 2005 年进入调查的需要照料的失能老人的死亡率，结果发现，在 2005 年进入调查的样本中，48.2% 的被访老人在 2008 年的追踪调查前去世，61.53% 的被访老人在 2011 年的追踪调查前去世（包括 48.2% 于 2008 年的追踪调查前去世，13.33% 于 2011 年的追踪调查前去世），64.58% 的被访老人在 2014 年的追踪调查前去世（包括 48.2% 于 2008 年的追踪调查前去世，13.33% 于 2011 年的追踪调查前去世，3.05%于2014年的追踪调查前去世）。那么如果使用2005—2011三期或2005—2014四期的面板数据，样本的死亡率将超过六成，这样的话，将会损失其他因变量（包括住院、孤独感与生活质量）在样本死亡下一期的信息。以住院为例，如果选用2005—2011或2005—2014年的面板数据，分析滞后一期的未满足的需要对当期住院率的影响，由于2011年前已有61.53%的样本去世，那么我们将无法获得这些去世样本在2011年及2014年的住院信息，但按这一逻辑来讲，这些去世样本的健康状况较差，他们在2008—2011年间入院的概率是很高的，因此如果我们使用2005—2011年或2005—2014年的面板数据会在一定程度上低估入院率；同理，使用2008—2014年三期的面板数据也会产生同样的问题，因此我们认为最适合选用连续两期的面板数据；加之考虑到2014年是相对最新的一期数据，因此我们最终决定使用2011年和2014年两期的面板数据。

  2011年和2014年两期的面板数据，涵盖65岁及以上居家老人9473人，其中2786人于2014年追踪调查前去世，764人于2014年追踪调查前失访，剩下5923人进入到2014年的追踪调查。由于本章仅考察2011年需要照料的失能老人的照料需要满足状况对其2014年的健康状况所造成的影响，因此分析样本仅包括2254个在2011年需要照料的样本。在分析照料需要满足与否对死亡的影响时，除去在因变量、自变量与控制变量上填写不完整的样本，最终进入回归分析的有效样本为1929个；在分析照料需要满足与否对住院的影响时，除去在因变量、自变量与控制变量上填写不完整的样本，最终进入回归分析的有效样本为310个；在分析照料需要满足与否对孤独感的影响时，除去在因变量、自变量与控制变量上填写不完整的样本，最终进入回归分析的有效样本为478个；在分析照料需要满足与否对自评生活质量的影响时，除去在因变量、自变量与控制变量上填写不完整的样本，最终进入回归分析的有效样本为513个。

6.2 变量的选取与测量

  世界卫生组织在1948年成立时，在通过的宪章中对健康做出了定义，认为健康并非简单的无疾病和虚弱现象，还包括个体在生理、心理和社会层面的圆满状态（彭瑞骢、常青、阮芳赋，1982）。因此，本章旨在从生物医学与社会心理两个层面考察未满足的照料需要可能带来的健康后果。根据已有研究及数据的可得性，我们选取死亡与住院作为反映生物医学层面健康状况的因变量，另选取孤独感与自评生活质量作为反映社会心理层面健康状况的因变量。针对 2011 年每一个被访样本，2014 年追踪调查时都会登记其是否死亡，因此死亡是表示个体在 2011—2014 年间存活与死亡的 0、1 变量，其中死亡取值为 1。关于住院的测量，在 2011 年与 2014 年的调查中，被访者都会被询问"过去两年因重病住院多少次？"，对于回答 0 次的我们判定为未住过院，对于回答 1 次及以上的我们判定为住过院，其中住过院取值为 1。关于孤独感的测量，在 2011 年与 2014 年的调查中，被访者都会被询问"您是不是经常觉得孤独？"，我们将回答"总是""经常""有时"的合并为"有孤独感"，将回答"很少"与"从不"的判定为"没有孤独感"，其中有孤独感取值为 1。关于自评生活质量，在 2011 年与 2014 年的调查中，被访者都会被询问"您觉得您现在的生活怎么样？"，我们将回答"很好"与"好"的判定为"生活质量好"，将回答"一般""不好"以及"很不好"的判定为"生活质量差"，其中生活质量差的取值为 1。

关于自变量照料需要满足状况的测量与 4.1.2 部分的方法一样，需要说明的是，为了分析与照料需要满足的失能老人相比，未满足的照料需要可能给失能老人带来什么样的健康后果，本章将部分未满足的需要与完全未满足的需要合并为一类，统称为未满足的需要并取值为 1，将完全满足的需要取值为 0。

根据研究需要，本章选取反映人口学特征、社会经济特征、健康状况及居住方式作为控制变量。其中人口学特征包括年龄、性别、婚姻状况及城乡；社会经济特征包括教育水平、家庭年收入及是否有社会医疗保险；健康状况包括照料需要项目数与是否患慢性疾病。此处除了家庭年收入和医疗保险，其他控制变量的测量方法与 4.1.2 部分相同，故此处不再赘述。家庭年收入根据三分位数法则，将其分为 0~10000 元、10001~30669 元与 30670 元及以上三个等级。关于社会医疗保险，在 2011 年与 2014 年的调查中，被访者都会被询问"您目前有哪些社会保障和商业保险？"，我们将选择"公费医疗""城镇职工医疗保险"与"城镇居民医疗保险"中任意一项的判定为"拥有社会医疗保险"并取值为 1，反之为"没有社会医疗保险"并取值为 0。

表 6-1 呈现了具体的变量定义及 2011 年调查的样本描述。在 2011 年的

调查样本中,超过六成的失能老人在调查后的三年内去世;近六成的失能老人在过去两年内住过院;近四成失能老人表示感到孤单;近四成失能老人表示自己的生活质量差;近六成的失能老人存在未满足的照料需要;高龄失能老人占八成;女性失能老人多于男性老人;无偶失能老人的比例约为有偶老人的四倍;城乡失能老人大致各占一半;七成失能老人未受过教育;家庭年收入处于10000元及以下与30670元及以上的各占约三分之一;八成失能老人有社会医疗保险;3项及以上ADLs需要帮助的失能老人占一半;近六成的失能老人患有慢性疾病;九成失能老人与家人同住;一半失能老人所在社区提供了养老服务。

表6-1 2011年变量定义及样本描述

变量	分类及取值
因变量	
2011—2014是否死亡	否(38.15%)、是(61.85%)
是否住院	否(41.71%)、是(58.29%)
是否感到孤独	否(61.69%)、是(38.31%)
自评生活质量	好(61.74%)、差(38.26%)
自变量	
照料需要满足与否	满足(42.86%)、未满足(57.14%)
控制变量	
年龄	65~74岁(4.41%)、75~84岁(12.81%)、85岁及以上(82.77%)
性别	女(65.12%)、男(34.88%)
婚姻状况	无偶(79.64%)、有偶(20.36%)
城乡	农村(47.89%)、城市(52.11%)
教育水平	文盲(71.52%)、小学(21.31%)、初中及以上(7.17%)
家庭年收入	0~10000元(34.98%)、10001~30669元(38.68%)、30670元及以上(26.34%)
有无社会医疗保险	无(19.41%)、有(80.59%)

续表6-1

变量	分类及取值
照料需要项目数	1—2项ADLs需要帮助（49.64%）、3~6项ADLs需要帮助（50.36%）
是否患慢性病	无（41.20%）、有（58.80%）
居住方式	独居（8.88%）、仅与配偶同住（10.35%）、与子女同住（69.10%）、与其他家人同住（11.68%）
有无社区居家养老服务	无（48.81%）、有（51.19%）

6.3 分析方法

本章的研究假设是：前一期（2011年）的照料需要未获满足将会提高失能老人当期（2014年）的死亡风险、住院风险及感受到孤独的风险，并降低其当期的生活质量。因此，为了建立自变量与因变量之间的前因后果关系，同时考虑到照料需要满足状况与除死亡以外的健康变量之间可能存在互为因果的关系，本章在分析未满足的照料需要与住院、孤独感及自评生活质量之间的因果关系时，将自变量取滞后项，因变量取当期项，然后纳入回归模型，从而规避内生性的问题。而在分析未满足的照料需要与死亡的因果关系时，2011年样本的死亡情况是标记在相应样本2014年的记录里，但我们在清理数据时会将2014年前死亡样本在2014年的空记录统一删除，因此我们在此处重新生成一个死亡标识变量，将2011年的样本的死亡情况标记在其相应的2011年的记录里，以便统一四个因变量所使用的数据库。图6-1呈现了未满足的照料需要滞后三年对死亡、住院、孤独感及自评生活质量的影响。

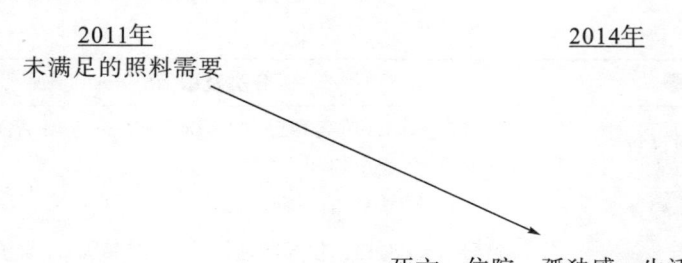

图6-1 未满足的照料需要对死亡、住院、孤独感及生活质量的滞后效应

在回归分析前,我们将使用2011—2014年面板数据的宽数据,通过交互分析比较2011年照料需要满足与未满足的失能老人在三年内的死亡与入院情况以及三年后的孤独感与生活质量状况,并进行卡方显著性检验。然后,使用2011—2014年面板数据的长数据,考虑到本章的因变量均为0、1变量,因此统一使用二分类逻辑回归模型,利用失能老人2011年未满足的照料需要分别预测2014年的死亡、住院、孤独感及自评生活质量。

6.4 研究结果

6.4.1 交互分析结果

表6-2呈现了失能老人的照料需要满足与否和三年内死亡之间的关系。由表6-2可知,在2011年具有未满足的照料需要的失能老人中,65.67%的老年人在三年内死亡,这一比例比照料需要满足的失能老人高出近10个百分点,也高于总体失能老人。由此可知,失能老人的照料需要满足与否和是否死亡显著相关($\chi^2=16.0031$,$P=0.000$)。

表6-2 照料需要满足与否和三年内死亡的交互分析(单位:%)

	满足的照料需要	未满足的照料需要	合计
存活	43.27	34.33	38.15
死亡	56.73	65.67	61.85
合计	100.00	100.00	100.00

注:$N=1929$ $\chi^2=16.0031$ $P=0.000$

表 6-3 呈现了失能老人的照料需要满足与否和三年内住院之间的关系。由表 6-3 可知,在 2011 年照料需要未满足的失能老人中,超过一半的失能老人在三年内住过院,这一比例比照料需要满足的失能老人高出 10 个百分点,也高于总体失能老人。由此可知,失能老人的照料需要满足与否和是否住院显著相关($\chi^2=3.3443$,$P=0.067$)。

表 6-3　照料需要满足与否和三年内住院的交互分析（单位:%）

	满足的照料需要	未满足的照料需要	合计
未住院	58.82	48.72	53.99
住院	41.18	51.28	46.01
合计	100.00	100.00	100.00

注：$N=326$　$\chi^2=3.3443$　$P=0.067$

表 6-4 呈现了失能老人的照料需要满足与否和三年后的孤独感之间的关系。由表 6-4 可知,在 2011 年照料需要未满足的失能老人中,44.40% 的失能老人在三年后有孤独感,这一比例是照料需要满足的失能老人的 1.5 倍,也高于总体失能老人。由此可知,失能老人的照料需要满足与否和孤独感显著相关($\chi^2=14.9969$,$P=0.000$)。

表 6-4　照料需要满足与否和三年后孤独感的交互分析（单位:%）

	满足的照料需要	未满足的照料需要	合计
不孤独	71.94	55.60	63.53
孤独	28.06	44.40	36.47
合计	100.00	100.00	100.00

注：$N=521$　$\chi^2=14.9969$　$P=0.000$

表 6-5 呈现了失能老人的照料需要满足与否和三年后自评生活质量之间的关系。由表 6-5 可知,在 2011 年照料需要未满足的失能老人中,40.42% 的失能老人在三年后表示生活质量差,这一比例约为照料需要满足的失能老人的两倍,也高于总体失能老人。由此可知,失能老人的照料需要满足与否和自评生活质量显著相关($\chi^2=15.7012$,$P=0.000$)。

表 6-5 照料需要满足与否和三年后自评生活质量的交互分析（单位：%）

	满足的照料需要	未满足的照料需要	合计
好	75.27	59.58	67.26
差	24.37	40.42	32.74
合计	100.00	100.00	100.00

注：$N=562$　$\chi^2=15.7012$　$P=0.000$

综上所述，与照料需要满足的失能老人相比，更多照料需要未满足的失能老人遭遇了死亡、住院、感到孤独及生活质量变差等负面事件。但由于老年人的死亡、住院、孤独感及生活质量还会受到其他多种因素的影响，因此，本研究接下来将通过控制其他变量以进一步检验未满足的照料需要对失能老人死亡、住院、孤独感及自评生活质量的负面影响。

6.4.2 回归分析结果

模型 1 呈现了失能老人照料需要满足与否对其三年内死亡的影响。2011 年失能老人的照料需要满足与否对其三年内是否死亡具有显著的影响（$P<0.001$），照料需要未满足的失能老人比照料需要满足的失能老人的死亡风险高 43%。除此以外，年龄、性别、婚姻状况以及照料需要项目数也显著影响失能老人的生存。具体来看，伴随增龄而来的是死亡风险的提高，中龄失能老人的死亡风险是低龄失能老人的两倍多，而高龄失能老人的死亡风险则是低龄失能老人的五倍有余；男性的死亡风险比女性高 60%；有配偶的失能老人的死亡风险比无配偶的失能老人低 33%；需要帮助的项目数越多，老年人的死亡风险越高。

模型 2 呈现了失能老人照料需要满足与否对其三年内住院的影响。2011 年失能老人的照料需要满足与否对其三年内是否住院具有显著影响（$P<0.05$），照料需要未满足的失能老人住院的风险约为照料需要满足的失能老人的两倍。除此以外，城乡、教育水平、照料需要项目数、是否患慢性病及仅与配偶同住也显著影响失能老人是否住院。城市失能老人比农村失能老人住院的可能性高 71%；教育水平越高，失能老人住院的可能性越大。需要帮助的项目数越多，失能老人住院的风险越低；患有慢性疾病的失能老人住院的可能性约为没有患慢性疾病的失能老人的两倍。仅与配偶同住的失能老人住院的可能性约为独居失能老人的四倍。

模型 3 显示了失能老人的照料需要满足与否对其三年后孤独感的影响。2011 年需要照料的失能老人的照料需要满足与否对其三年后是否感到孤独具有显著的影响（$P<0.01$），照料需要未满足的失能老人比照料需要满足的失能老人感到孤独的可能性高 76%。除此以外，照料需要项目数与社区养老服务也对失能老人的孤独感有显著的影响。需要帮助的项目数越多，失能老人感到孤独的可能性越高。所在社区有居家养老服务的失能老人感到孤独的可能性比没有社区居家养老服务的失能老人低 40%。

模型 4 显示了失能老人的照料需要满足与否对其三年后自评生活质量的影响。2011 年失能老人的照料需要满足与否对其三年后自评生活质量具有显著的影响（$P<0.01$），与照料需要满足的失能老人相比，照料需要未满足的失能老人的生活质量变差的可能性高 71%。除此以外，年龄、有无社会医疗保险、照料需要项目数以及有无社区居家养老服务也显著影响失能老人的自评生活质量。具体来看，年龄越大，失能老人的自评生活质量越高；需要帮助的项目数越多，失能老人生活质量变差的可能性越高。（详见表 6-6）

表 6-6 未满足的需要对失能老人死亡、住院、孤独感以及自评生活质量的影响

	模型 1	模型 2	模型 3	模型 4
照料需要未满足	1.428047***	1.889329*	1.758658**	1.709627**
年龄				
65~74 岁	参考组	参考组	参考组	参考组
75~84 岁	2.301828**	2.055456	0.9363408	0.3909949**
85 岁及以上	5.443985***	1.408987	0.799116	0.2443825***
男性	1.595328***	0.6074941	0.9426487	0.7064699
有偶	0.6734404**	0.8116129	0.9151946	0.7581743
城市	0.953493	1.713969+	0.991463	0.78405
教育水平				
文盲	参考组	参考组	参考组	参考组
小学	1.120057	2.049463+	0.9819594	1.226852
初中	0.9122093	9.731526***	0.4516945+	0.7559443
家庭年收入				

续表 6-6

	模型 1	模型 2	模型 3	模型 4
0～10000 元	参考组	参考组	参考组	参考组
10001～30669 元	1.086425	0.8544555	0.9510251	0.8568257
30670 元及以上	1.010425	1.559295	0.8530981	0.6606975
有社会医疗保险	0.9077599	1.155929	1.289797	1.704857+
3～6 项 ADLs 需要照料	2.510456***	0.468329**	1.699532**	1.7764**
患慢性病	0.8974732	1.958975*	1.135258	0.8880686
居住方式				
独居	参考组	参考组	参考组	参考组
仅与配偶同住	1.43576	3.621611*	0.6180253	0.8173482
与子女同住	1.638309**	1.979153	1.11128	0.8963766
与其他家人同住	2.015182**	2.539786	1.31635	0.581871
有社区居家养老服务	0.9270198	0.9951381	0.6056527**	0.670526*
常数项	0.0518195***	0.1857843*	0.2916963*	0.8136838
样本量	1929	310	478	513

注：(1) 表中呈现的是风险比；(2) 显著性，$P+<0.1$，$P^*<0.05$，$P^{**}<0.01$，$P^{***}<0.001$。

6.5 小结与讨论

未满足的照料需要会进一步损害失能老人在生物、心理、社会医学层面的健康，它不仅会提高失能老人死亡与住院的风险，而且会加剧失能老人的孤独感，降低失能老人的生活质量。照料需要未满足对失能老人死亡与住院的影响与已有研究结果相一致（Xu 等，2012；Zhen 等，2015）。对于日常生活不能自理的老年人来说，如果无人照料或者没有获得充足的照料，很有可能导致身体机能的严重退化，从而带来更高的医疗服务需要与生存风险。国外研究还证明，未满足的照料需要会加剧老年人再次入院的风险（Arbaje 等，2008；Depalma 等，2013）。除此以外，本研究还验证了未满足的照料需要对孤独感与自评生活质量的影响，弥补了已有研究的空白。未满足的照料需要不仅是一个健康预测指标，而且能反映老年人所获得的社会支持，无人照料或者没有获得充足的照料在一定程度上说明老年人的社会照料资源贫乏或社会关系淡漠，从而强化老年人的孤独感，降低其生活质量。

从理论的角度来看，上述研究结果证明，在生物－医学－社会模型的统领下去考察照料需要满足状况对失能老人多维健康状况的影响具有合理性与必要性。健康是一个多元复杂的概念，包括生理、心理与社会等多个维度。对于失能老人来说，保健、医疗、护理以及康复等多重健康需求叠加，因此，与单一的健康指标相比，本研究所采用的生理－心理－社会多维度的健康测量能进一步拓展公众对照料支持缺位或质量不高对健康带来的负面影响的深刻认识。从现实角度来看，如果对失能老人未满足的照料需要没有引起足够的重视，那么不仅会损害老年人的身心健康与生活质量，而且还会增加失能老人对医疗资源的消耗，导致政府在医疗保险支出上付出更大的代价。因此，尽早识别照料需要未满足的老年群体，并为其提供相应的照料资源，可以避免未来消耗更多的医疗资源与更高额的医疗支出。

除此以外，高龄、男性、无偶或需要照料的项目数较多的失能老人的死亡风险更高，这与已有研究的结论相一致（Arbaje 等，2008；Depalma 等，2013）。因为伴随增龄而来的是老年人健康状况的恶化，故死亡风险亦相应更大。基于生理、健康生活方式与社会文化等因素，男性的预期寿命普遍低于女性。大多无偶老人都是高龄老人，故死亡风险更高。在日常生活中需要照料的项目数越多，说明老年人的功能障碍越严重，对生存提出了更大的挑战。

教育水平较高、需要照料的项目数较多以及患慢性病的失能老人住院的风险更高。教育水平越高的老年人住院的可能性越大，可能是因为较高的教育水平反映出比较优越的社会经济地位，而社会经济优势地位与医疗卫生服务可及性密切相关。需要照料的项目数较多与患慢性病的老年人住院的风险更高，这与已有研究的结果一致（Xu 等，2012），因为健康状况的恶化是导致老年人对医疗服务需要的硬性约束条件。

需要照料的项目数越多，失能老人感到孤独的可能性更大，这与已有研究的结果一致（李建新、张风雨，1997；Gayman，Turner，Cui，2008）。因为日常生活不能自理不仅会直接导致老年人的负面心理体验，而且会降低其社会参与，从而削弱由社会交往带来的情感交流，最终导致其生活质量的降低。所在社区有居家养老服务的老年人感到孤独的可能性更小。CLHLS 中询问的社区居家养老服务包括精神慰藉、聊天解闷及娱乐活动，因此我们可以推测，社区中有这些服务可以帮助老年人排解孤独感，但由于调查中没有服务利用的变量，因此无法进一步验证。

低龄失能老人的生活质量更差，这与已有研究的结果相一致（曹杨、王记文，2015；骆为祥、李建新，2011；Zhou & Qian，2008）。年龄越大的老年人的自评生活质量更高，可能的解释有三方面：一是健康选择效应，即长寿老人普遍是对生活比较满意的老人；二是与退休适应有关，刚退休的老年人会对突如其来的生活节奏变缓而无所适从，但时间久了他们会自我改变去适应这种退休生活，从而适度提高对生活质量的评价；三是与早期的人生经历有关。生命历程理论认为个体的早期生活经历会影响晚年生活，我们调查时的高龄老人均于抗日战争之前出生，经历了一定的生活磨难，更能体会幸福的来之不易，对现有的生活质量也更容易满足（曹杨、王记文，2015）。需要照料的项目数较多的失能老人的生活质量更差，这与已有研究的结果相一致。因为良好的健康状况是老年人独立生活的基础，身体机能的衰退不仅会直接降低老年人的生活质量，而且会给老年人带来一些负面情绪，进而影响其生活质量（李建新、刘保中，2015；袁泉、姚文兵，2017）。所在社区没有养老服务的失能老人的生活质量更差，这与已有研究的结果一致（李德明、陈天勇、李海峰，2009）。这可能是因为对于需要照料的居家老人来说，所在社区有居家养老服务就意味着这些老年人获得照料服务的可能性越大，而获得社区照料服务有利于提高这些老年人的生活质量。

7　总结与对策建议

在人口老龄化的大趋势下，我国老年人带病生存期延长使得照料需要持续增加，而低生育率激化了家庭照料中照料提供者与需要者之间的矛盾，同时照料需要满足信息的缺乏对长期照料服务精准匹配提出了挑战。本研究提出照料需要满足状况这一概念，通过对照料需要满足状况的操作化，测量我国失能老人长期照料服务的供需差距。重点研究了失能老人照料需要满足状况的现状与发展变化，照料需要满足状况的影响因素，以及照料需要未满足给失能老人带来的健康后果，从而剖析我国长期照料服务供需不匹配的问题。正是对上述问题、矛盾与挑战的积极回应，具有重要的现实意义。

围绕照料需要满足状况，本书一开始提出了三个研究问题，即我国失能老人的照料需要满足状况如何；什么因素会影响失能老人的照料需要满足状况；照料需要未满足会给失能老人带来什么健康后果？而后，结合文献回顾与理论分析提出了以未满足的需要模型为核心的理论分析框架和六个研究假设，并呈现了实证研究对于研究假设的验证情况（详见表7-1），为长期照料服务瞄准潜在服务使用者提供了初步依据，并为政府降低失能老人完全未满足的需要及部分未满足的需要提供有针对性的干预思路，最后，证明了将照料需要满足状况纳入需求评估与养老政策效果评估指标体系的重要性，以及将提供有效、充分的长期照料服务作为促进健康老龄化的干预方式的紧迫性。

表 7-1 本书研究假设被验证的情况

	研究假设	数据/方法	验证与否
H1	经济状况显著影响照料需要满足程度，但对完全未满足的需要与部分未满足的需要的影响具有差异。		是
H2	健康状况显著影响照料需要满足程度，但对完全未满足的需要与部分未满足的需要的影响具有差异。	2005—2014 CLHLS 面板数据 多分类 Logistic 回归的随机效应模型	部分验证
H3	社会支持显著影响照料需要满足程度，但对完全未满足的需要与部分未满足的需要的影响具有差异。		部分验证
H4	年龄可能是居住方式对照料需要满足程度影响的调节变量。		部分验证
H5	照料需要未满足会损害失能老人将来的生理健康	2011—2014 CLHLS 面板数据 二分类 logistic 回归的滞后效应模型	是
H6	照料需要未满足会损害失能老人将来的社会心理健康		是

除了假设 2、3、4 是部分验证，其他三个研究假设均得到了完全验证。研究假设 2 之所以说是部分验证，是因为患慢性病对于照料需要满足状况没有显著影响，这就印证了失能的功能障碍模型所阐述的疾病与照料需要之间并非简单的线性关系，即使疾病导致某一部位的功能障碍，在老年人的其他器官拥有代偿能力或者拥有较好的非正式支持时，其实际的照料需要亦不一定会随之上升。之所以说研究假设 3 是部分验证，是因为居住方式与倾诉对象对完全未满足的需要与部分未满足的需要的影响没有差异，与家人同住或有家人倾诉心事会同时降低完全未满足与部分未满足的需要的风险，这一结果在家庭现代化理论的视域下得到了较好的解释，也就是说在现代化进程中，孝道文化深厚的中国在养老方面的家庭凝聚力并未被摧毁。研究假设 4 之所以说是部分验证，是因为年龄在居住方式与完全未满足的需要的关系上不存在显著的调节效应，这主要是因为完全未满足的需要是失能老人对有无人照料这样一个客观事实的陈述。如果老年人与家人同住且日常生活无法自理，那么孝道文化深厚的中国家庭自然会直接或间接承担起照料责任；相反，部分未满足的需要是失能老人对既有照料与个人需要匹配情况的一种主观评价，而这种主观评价与不同队列的老年人对家庭养老的偏好密切相关。基于我国老一代的老年人更为偏好传统的

家庭养老，他们对家庭照料所做出的评价也会相对较高。

7.1 主要研究结论

7.1.1 失能老人日益增长的未满足的照料需要揭示出我国长期照料服务供需差距拉大

（1）10%的老年人日常生活无法自理，其中约六成失能老人的照料需要尚未完全满足，而且这一风险愈益凸显。

①基本结论。

与近年来多项全国老龄调查结果一致，本研究显示我国需要照料的失能老人比例在10%左右，结合我国最新的65岁及以上的老年人口数2亿计算可知（国家统计局，2022），全国约有2000万失能老人。这一规模引起了政府对失能老人长期照料问题的关注，比如北京、上海、浙江等地已逐步明确失能老人为基本养老服务对象，全国49个城市试点的长期护理保险制度将失能老人作为保障对象。但与此同时，这也可能夸大了失能老人的长期照料需要和社会照料服务供给的负担，从而不利于政府合理布局社会照料资源，加剧供需结构失衡。本研究发现，并非所有的失能老人都需要社会照料服务，其中40%的失能老人已经获得了充足有效的照料，并且其主要照料者是家人，其余60%具有未满足的照料需要的失能老人才是社会照料的服务对象。

虽然照料需要完全未满足的失能老人在全体失能老人中的比例相当低（不到4%），但这一比例在2005—2014年间持续攀升；与此同时，照料需要部分未满足的失能老人在失能老人总体中的占比最高且呈上升趋势。分年龄来看，2005—2014年，与老一代的老年人相比，年轻一代老年人的功能维持状况更差，且更多人面临无人照料的风险，并且这一风险愈益凸显；相反，更多的高龄老人获得了充足的照料并且这一比例越来越高。

②政策反思。

这一发现帮助社会照料服务瞄准了潜在的服务使用者，并且提醒我们识别这些照料需要未满足的风险人群并努力为他们提供社会照料资源极为迫切。具体来看，照料需要部分未满足与无人照料的失能老人在失能老人总体中的占比分别为53.87％、4.54％，而且约99％照料需要部分未满足的失能老人的主要照料者是家人。与美国相关研究相比，本研究无人照料的比例较低，但照料需要部分未满足的比例较高，当然这可能是因为不同的研究对照料需要完全未满足的测量不尽一致（Davey等，2013），但我们不能否认这在一定程度上反映出家庭在现代中国的老年照料中依然起着托底的保障作用，而且负重前行。

失能老人日益增长的未满足的照料需要表明我国长期照料服务供需差距逐渐拉大，尤其是过去十年间年轻一代的老年人在功能维持上有所弱化且照料资源日益缺乏，这就提醒我们随着独生子女一代的父母步入老年，我们需要立足当前，展望未来，系统考察未满足的照料需要形成的原因及其可能带来的负面健康后果。

（2）照料需要部分未满足的失能老人呈健康弱势，照料需要完全未满足的失能老人呈家庭支持与经济弱势。

①基本结论。

本研究显示，照料需要部分未满足的失能老人功能障碍最严重、与家人同住、家庭经济状况较好；照料需要完全未满足的失能老人功能发挥相对最好、独居、家庭经济状况最差。也就是说，照料需要部分未满足的失能老人是照料需要最多而家庭支持与经济状况较优的群体，那么我们可以推测这类老年人的主要照料者是家人，在进一步的描述分析中我们也证实了这一推测，确实99％照料需要部分未满足的失能老人的主要照料者是家人。相反，照料需要完全未满足的失能老人是照料需要较少且家庭支持与经济状况较差的人群。

②政策反思。

综上所述，我国长期照料服务应同时瞄准照料需要部分未满足与完全未满足的两类失能老人，并实施有的放矢的干预措施。对于照料需要部分未满足的失能老人，从照料服务内容来看，最适合的长期照料服务是面向失能老人及其家庭照料者的专业长期照料及其支持性服务；从服务提供者来看，基于这部分失能老人的经济条件较好，市场提供的服务应该瞄准这一群体。通过照料需要完全未满足的失能老人的特征可知，这类老年人可能处于功能衰退的初期，如果他们的照料需要一直得不到满足可能会导致更为严重的生活不能自理，加之本研究也证明照料需要未满足会给失能老人带来一系列健康恶果，再考虑到这类老年人经济条件相对最差，因此政府应发挥兜底作用，为这类老年群体提供或购买基本的日常生活照料服务，从而尽可能地帮助他们恢复正常的功能发挥。伴随失能老人照料需要的变化，其功能障碍有可能进一步恶化或者维持不变，甚至得到改善（Freedman，Aykan，Wolf，Marcotte，2004）。研究证明，如果能在衰退初期及时为功能障碍人群提供长期照料服务，他们仍有机会恢复独立的日常生活能力（Gibson & Verma，2006）。虽然功能恢复是短暂的而失能是反复的，但是复原现象依然提示我们：为功能衰退初期的人们提供照料帮助以维持其独立生活能力尤为必要（Hardy & Gill，2004）。

7.1.2 经济状况、健康状况与社会支持显著影响失能老人的照料需要满足状况，且对完全未满足与部分未满足的需要的影响存在差异

（1）优越的家庭收入能为失能老人照料需要的满足锦上添花，但不会影响其有无照料者。

①基本结论。

家庭收入越高，越能显著降低失能老人部分未满足的照料需要的风险，但对完全未满足的照料需要却没有显著影响。这主要是因为优越的家庭收入能增强失能老人对社会照料服务的购买力，促使其购买到满足需求的高质量的长期照料服务。因此，亟须建立"补需方"的养老服务补贴制度，对那些贫困家庭照料需要未满足的失能老人进行经济性赋权，提高其购买力。

②理论与政策反思。

家庭收入之所以对完全未满足的需要没有显著影响，主要是因为现阶段我国老年照料依然以无偿的家庭照料为主。一方面，验证了家庭现代化理论用于中国的特殊性。虽然家庭经历了现代化进程所带来的一系列改变，如家庭结构核心化、家庭规模小型化及夫妻轴关系突显等，这些改变在一定程度上会削弱家庭的凝聚力，但值得注意的是，家庭在养老方面仍然发挥着支柱性的作用。另一方面，说明了安德森卫生服务利用模型在中国的"水土不服"。安德森卫生服务利用模型认为，经济状况会显著影响老年人有无人照料，这是因为该理论模型主要是针对有偿的正式服务利用提出的，对于无偿的家庭照料在中国式养老中所起的重要且复杂的作用并未予以考虑。

回溯我国政府对养老服务的资金支持政策可以发现，中央财政支持主要集中在"补供方"，并开始鼓励地方政府建立"补需方"的补贴制度，"全面建立针对经济困难高龄、失能老年人的补贴制度"已被写入《中华人民共和国国民经济和社会发展第十三个五年规划纲要》之中。截至 2018 年，经济

困难高龄老年人津贴制度实现了省级全覆盖,全国已有 30 个省份建立了居家养老服务补贴制度,29 个省份建立了护理补贴制度(中华人民共和国民政部,2018);截至 2021 年,49 个试点城市建立了长期护理保险制度。其中,高龄老年人津贴是以年龄为受益人筛选标准,虽然多项研究证明随着年龄的增长老年人的功能衰退越严重,但也不乏那些长寿健康老人的存在,因此以年龄为筛选标准并不能精准聚焦最需要照料的老年人;居家养老服务补贴、护理补贴及长期护理保险虽然考虑到了对自理能力的评估,但忽视了现有的照料支持对需要的满足状况,从而造成"钱没有花在刀刃上"的局面。如果养老补贴被用于并不急需的群体,必然会加剧财政负担,激化社会矛盾,所以当前针对老年人的补贴制度可能存在"逆向补贴"和"成本转嫁"的风险(赵曼、胡思洋,2015),对此我们亟须建立以需要满足为导向的养老服务补贴制度。

(2)功能严重受损会降低失能老人无人照料的风险,但会提高其需要更多专业照料的可能性。

①基本结论。

照料需要项目数与认知能力显著影响失能老人的照料需要满足状况,但对完全未满足与部分未满足的需要的影响存在差异,而且这一影响非常稳健。照料需要项目数对完全未满足与部分未满足的需要都具有显著影响,较多的照料需要项目数会提高失能老人照料需要部分未满足的风险,但会降低其完全未满足的风险。认知能力对部分未满足的需要具有显著影响,但并未影响完全未满足的需要,认知能力降低会提高失能老人具有部分未满足的需要的风险。也就是说,照料资源倾向于严重失能老人,轻度失能老人是照料盲区。同时需要注意的是,虽然严重失能/失智老人几乎都有人照料,但他们仍需要更多专业照料。由此说明,大多数已有研究将完全未满足的需要与部分未满足的需要合并进行影响因素的分析,会掩盖完全未满足的需要与部分未满足的需要的影响因素的差异,从而导致结论的偏颇。

②理论与政策反思。

生理机能退化对部分未满足与完全未满足的需要的影响方向相反,说明比较分析部分未满足与完全未满足的需要的影响因素,纠正了已有研究将二者合并导致的结论偏颇,也证明了将未满足的需要理论在中国情境下进行细分的合理性与必要性。实际生活中大家普遍认为身体机能衰退是老年人需要社会照料服务的硬约束条件，身体机能越差的老年人越有可能面临无人照料的风险，更需要社会照料，这一常识也曾被相关研究证实（田北海、王彩云，2014）。但本研究却证伪了这一结论，即身体机能严重衰退是获得家庭照料的硬约束条件，功能严重受损的老年人几乎都有家人承担主要照料责任，以直接提供照料为主、间接购买社会照料为辅。这与我国根深蒂固的孝道文化有莫大关系。虽然现代化为家庭带来了一系列变革，使得多代同堂在家庭养老中的优势被削弱，父子轴关系逐渐被夫妻轴关系取代，但是在身体机能严重衰退这一硬约束条件下，子代对父代的赡养观念并未受到动摇。与此同时，伴随健康恶化所带来的照料需要的增加，必然会促使老年人在既有的照料支持下需要更多的专业社会照护。

因此，无人照料的老人（如城市"三无"老人与农村"五保"老人）固然是社会照料的重点对象，但我国既有的对其进行集中式的机构供养并非适宜的照料方式。借鉴发达国家社会养老服务的发展路径与经验可知，社区居家养老服务是符合老年人偏好与财政支出的主要社会养老方式，只有少数功能严重受损的老年人才适合机构的托养服务。考虑到无人照料的这类失能老人功能受损较轻，为其提供符合其需要的社区居家养老服务才是最适宜的。除此以外，我国传统的养老福利服务仅仅瞄准无人照料的老年人（如城市"三无"老人与农村"五保"老人）是不够的。生理或认知功能障碍尤为严重的失能老人需要更多专业照料，这也就意味着这些失能老人的既有照料者承担着巨大的照料压力。我们通过对数据的进一步描述分析发现，绝大多数生理或认知功能障碍尤为严重的失能老人的主要照料者是家人；进一步比较生理与认知功能障碍严重的失能老人对家庭照料者与正式照料者的评价发现，与正式照料者相比，更多的家庭照料者在照料过程中表现出力不从心、不耐烦及不情愿。由此可见，老年社会照料的服务对象不仅是无人照料的失能老人，还应纳入有人照料但需要更多专业照料的失能老人及其家庭照料者。目前，我国49个城市试点的长期护理保险制度为解决这一问题做出了努力尝试。然而，现有大多试点的发展呈现两种趋势：一类从发展机构照料起步，由正式照料者提供的居家上门服务基本处于真空地带；另一类倡导由家属提供居家照料，向签约的家庭照料者提供服务补贴，但是在提高家庭照料者的服务质量与心理福祉方面缺乏有效的保障机制。因此，亟须进一步加强针对有人照料但需要更多专业照料的失能老人及其家庭照料者的服务保障。

（3）家庭支持能为失能老人照料需要的满足锦上添花，但社会服务的效应尚未显现。

①基本结论。

社会支持是影响失能老人照料需要能否完全满足的关键因素，尤其是家庭支持会为照料需要的满足锦上添花，主要表现为与家人同住或有家人倾诉心事，会降低失能老人具有完全未满足与部分未满足的需要的风险。除此之外，健在子女数与社区养老服务对部分未满足的需要具有显著影响，但并未影响完全未满足的需要，健在子女数越少以及所在社区有养老服务会提高失能老人具有部分未满足的需要的风险。

②政策反思。

充足的家庭支持有助于降低失能老人无人照料或需要更多照料的风险，但正式支持会提高失能老人需要更多照料的风险。由此看来，现代中国家庭依然是老年人能否获得照料的第一层保障网。与以往多子女的老年人相比，当下子女数较少的老年人所面临的无人照料的风险并没有加剧，但是我们不得不承认，较多的子女可以为老年人获得较为充足的照料锦上添花，这也应该是我国大力发展老年照料的根本宗旨所在，即补充少子家庭在老年照料上的不足，而非替代家庭照料。与子女数相比，与家人同住及与家人的亲密关系则显得更为重要，因为它既能降低失能老人无人照料的风险，也能降低其需要更多照料的风险。

另一方面，社区养老服务的结果说明老年社会照料的作用尚未彰显，其服务质量有待提高。所在社区是否提供养老服务之所以没有影响失能老人有无照料者，可能的原因是家庭照料依然是我国最主要的养老方式，而老年人对社区居家养老服务的利用不足。而有社区养老服务相反提高了失能老人部分未满足的需要，可能反映的是失能老人对正式照料服务的不满。我们通过比较所在社区有无养老服务的失能老人的主要照料者发现，与所在社区没有提供养老服务的失能老人相比，更多所在社区提供了养老服务的失能老人选择了社会或市场提供的照料服务，因此我们可以推论，此处有社区养老服务提高了失能老人部分未满足的需要在一定程度上反映了他们对正式照料服务的不满，但是由于缺乏对相应的社区养老服务的使用与评价信息，因此无法进一步验证。

（4）年龄是居住方式与部分未满足的照料需要之间的重要调节变量。

①基本结论。

与家人同住是改善失能老人照料需要满足状况的重要因素，尤其是对于高龄失能老人来说，与其他失能老人相比，与家人同住的高龄失能老人具有部分未满足的照料需要的风险降低了约50%。可能的解释有两点：一是高龄失能老人的健康状况较差，更需要长期照料，而与家人同住可以便于家人长时间提供日常生活照料，从而大大提高家庭照料对需要的满足程度；二是与家人同住的高龄失能老人的主要照料者几乎都是家人，而且老一代的老年人更为偏好家庭养老尤其是子女养老。基于老一代的老年人对家庭养老的这种偏好，他们对家庭照料所做出的评价也相对较高。

②理论与政策反思。

该结论验证了老年迁居的生命周期理论被用于解释居住方式对部分未满足的照料需要的贡献时的适用性及特殊性。一方面，老年人会因寻求照料而与家人同住，从而提高其照料需要满足程度；另一方面，与家人同住对部分未满足的需要这样一种主观评价的影响会因年龄而有所不同。由此可知，社会照料服务利用与卫生服务利用不一样，它还需要考虑到不同年代的老年人所处的社会文化背景及养老观念等因素的影响。因此，养老政策的制定要具有时代性，针对不同时代的老年人的养老偏好提供适合的长期照料方式。

7.1.3 照料需要未满足会进一步损害失能老人生物、心理及社会层面的健康

①基本结论。

失能老人的照料需要满足与否将对死亡、住院、孤独感及自评生活质量产生显著影响。与照料需要满足的失能老人相比，照料需要未满足的失能老人的死亡风险高42%，住院风险高89%，感到孤独的可能性高73%，生活质量更差的风险高70%。

②理论与政策反思。

该结论表明，在生物-心理-社会医学模型的框架下，对未满足的照料需要可能带来的多重健康后果进行综合评价具有合理性与必要性。照料需要未满足会进一步损害失能老人在生物医学与社会心理层面的健康，这不仅会威胁老年人的个体福祉，加剧家庭的照料负担与医疗支出，还会增加整个社会医疗保险的支出，加大对医疗卫生资源的占用。因此，采取相应的措施降低失能老人未满足的照料需要，预防未来更多的失能老人出现未满足的需要的风险则尤为重要。与此同时，基于未满足的照料需要能显著预测生存及其他健康结果，可

以考虑将照料需要满足状况纳入需求评估和长期照料服务质量评价指标体系。

综上所述，三点研究结论揭示了我国长期照料服务供需不匹配的现状、原因及后果，回答了本书1.2部分提出的所有研究问题，其中7.1.1部分回答了"失能老人的照料需要满足状况及其发展变化如何"的问题；7.1.2部分回答了"什么因素会影响失能老人的照料需要满足状况"的问题；7.1.3部分回答了"照料需要未满足会给失能老人带来什么健康后果"的问题。本研究的核心研究结果如图7-1所示。

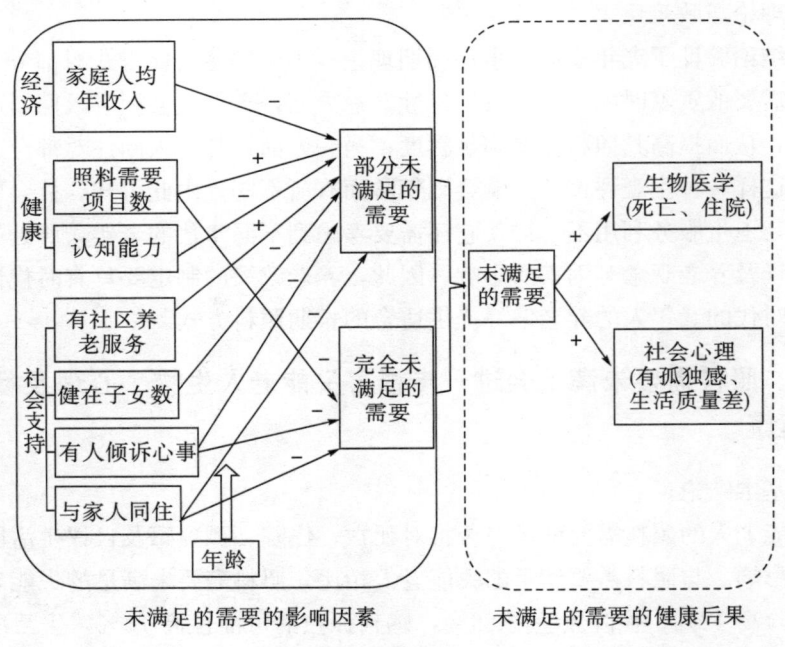

图7-1 本研究的核心研究结果（变量关系示意图）

7.2 失能老人长期照料服务供需匹配的机制与路径

在快速人口老龄化叠加高质量养老服务发展的双重背景下，在未满足的照料需要对人民美好生活的深远影响被普遍性认知的基础上，我们不仅需要继续深入研讨长期照料服务供需不匹配的现状、原因及其后果，更重要的是如何从制度层面构建长期照料服务供需匹配的实现机制并付诸行动。因此，根据上述实证研究结论，本研究提出长期照料服务供需匹配的价值目标、实现机制与发展路径，旨在降低失能老人未满足的照料需要，促进长期照料服务与最需要照料的潜在服务对象的精准匹配。

7.2.1 供需匹配的价值目标

实现长期照料服务的供需匹配，应以帮助家庭实现顺利养老为价值目标。根据研究结论可知，在我国需要照料的失能老人当中，超过40%的失能老人的照料需要完全得以满足，而且在这些失能老人当中98%的失能老人的主要照料者是家人；无人照料的失能老人不到5%；有人照料但需要更多专业照料的失能老人的占比高达54%，其中约99%失能老人的主要照料者是家人。结合本研究显示的需要照料的失能老人在老年人总体中的占比（10%）与我国最新的65岁及以上的老年人口数（2亿）粗略估计（国家统计局，2022），全国约有2000万居家失能老人，其中，600多万失能老人的照料需要完全得到满足，70多万失能老人无人照料，还有800多万失能老人有人照料但需要更多专业照料。

一方面，这在一定程度上反映了我国当下较为充足的家庭照料资源。进一步来看，在我国养老机构的床位空置率持续走高的当下，如果"十三五"时期已建成的821万张养老床位精准匹配，足以解决70多万失能老人无人照料的困境。另一方面，则反映了当下我国家庭照料者不堪重负，难以提供满足失能老人照料需要的高质量服务。因此，现阶段我国社会养老服务的总体发展方向并不是要从量上替代家庭照料，而是要帮助家庭实现顺利养老。具体来看，需要实现社会照料服务的医养结合的结构性转变，补充家庭难以承担的专业长期照护功能，缓解家庭照料压力，满足功能障碍较为严重的居家老人部分未满足的照料需要；同时，这也为未来缓解独生子女一代照料老年父母的巨大压力奠定基础，使独生子女一代的老年父母尽可能持久地实现居家养老。

7.2.2 供需匹配的实现机制

（1）将照料需要满足状况纳入需求评估体系，建立以需要满足为导向的精准服务供给与补贴机制。

中国传统社会针对老年人的照料服务由政府提供且仅局限于少数民政福利对象，如城市"三无"老人与农村"五保"老人。但是伴随人口老龄化而来的失能老人的同步增加，如果沿用传统的民政福利受益人筛选标准，则会忽视功能障碍这一重要健康指标，从而导致有限的长期照料服务难以匹配到最有照料需要的失能老人。因此，要实现长期照料服务的供给侧改革，亟须建立统一的长期照料服务需求评估体系，明确哪些人可以享受哪些服务，做到服务需求与供给的精准化匹配。国际上目前对老年人照料需求评估的做法主要分为两类：一是在税收为主的国家和地区（如英国、澳大利亚、美国、中国香港和台湾地区），照料需求评估一般先对老人的经济状况和家庭照顾能力进行核实，确属经济状况较差者或无人照顾者才进一步根据其健康状况配以政府提供的长期照料服务相关补贴；二是在保险为主的国家（如日本、德国、奥地利、荷兰），照料需求评估不再借助经济状况审查，而是面向所有的评估对象，以健康状况为主要依据，经认定后均可享受同等的服务内容。

借鉴国外经验，我国长期护理保险制度试点城市也尝试建立需求评估，并根据评估结果判定保险受益人资格。但现在90%的评估项目都是关于老年人的疾病与功能状况等健康相关内容，而忽视了现有的照料支持对需要的满足程度，从而造成"钱没有花在刀刃上"。与已有研究结果一致，本研究显示未满足的照料需要会对老年人的健康与医疗卫生服务利用带来一系列负面影响。将照料需要满足状况纳入需求评估体系，可以及时、便利地筛查出具有潜在健康高风险的刚需人群。因此，应从需求评估、服务供给及保险金发放的全流程完善我国长期护理保险制度。

一方面，应建立全国统一的长期护理服务需求评估体系，并将照料需要满足状况作为刚性指标纳入该评估体系。与国内目前各地所使用的冗长的评估条目相比，照料需要满足状况评估所使用的问题简短、精炼，而且有经验告诉我们简短的评估工具具有与长而复杂的评估工具同等的预测力。以自评健康状况这一指标为例，学术研究证明，单一的自评健康状况对死亡与医疗卫生服务利用的预测能力和较长的健康测评工具一样精确，因此自评健康状况得以在国内外的全国性数据中广泛使用，包括我国的人口普查也纳入了这一指标。此外，美国的实践经验也为我们使用这一指标提供了现实依据（DeSalvo, Fan, McDonell, Fihn, 2005）：美国一些州政府利用针对具体服务项目的未满足的需要评估来判定居家养老服务的供给与受益人资格（Li等，2006）。

另一方面，长期护理服务与保险金应与照料需要未满足的失能老人相匹配。那么这一需求评估指标如何用于指导服务供需匹配呢？从政府的角度来看，面对需要日常生活照料的失能老人规模的加速增长，以政府为主导的基本养老服务十分有限，那么未满足的照料需要的评估则帮助政府缩小了需要筛选的兜底人群的范围，为实现有限的基本养老服务与最需要的人群的精准匹配提供了初步筛查。根据本研究的描述分析可知，全国约有2000万失能老人。而在这些失能老人中，800多万失能老人有人照料但仍需要更多专业照料，70多万失能老人无人照料。结合上述失能老人数量粗略估计，900多万失能老人的照料需要没有完全获得满足，而这些失能老人则是政府进一步评估基本养老服务受益人的筛选框。政府可以针对这些照料需要没有完全满足的失能老人进行家庭经济状况审查，对于经济状况较差者（如低保家庭）提供无偿的基本照料服务或能够基本覆盖服务费用的长期护理保险补贴。那么如何设定享受不同补贴等级服务的经济条件资格，则需要结合老年人的收入与支出及养老服务业的人力与设施成本进行综合研究，目前，各地试点的长期护理保险报销等级也可为此提供一些线索，这将是另一项重大课题。那么一旦确立了长期照料服务中政府兜底的对象，其他的不符合基本养老服务受益人资格且具有未满足的需要的失能老人则是养老服务市场需要瞄准的潜在服务使用者。最终通过上述过程厘清政府与市场在养老服务中的角色，实现养老服务业的结构优化。

（2）将照料需要满足状况作为养老政策评估指标并实行动态监测，建立基于供需互动的养老政策评估机制。

"十二五"期间，社会养老服务体系建设规划选取每千名老年人拥有养老床位数作为政策效果的评估指标，"十三五"与"十四五"期间，社会养老服务体系建设目标从片面强调服务设施量的增长转向服务设施的结构优化，相应的在政策效果评估的指标选取上，除了每千名老年人拥有养老床位数，还增加了政府运营的养老床位数比例、护理床位数比例以及设立老年医学科的二级及以上综合性医院占比。但是这些评估指标依然是单一地反映供给侧的发展变化，而无法实现对供需匹配的衡量，从这一层面来看，现有的养老政策评估指标并没有很好地反映供给侧改革的政策初衷。2015年，习近平总书记的讲话提及"让人民群众有更多'获得感'"，这不仅体现了共享发展的理念，而且在一定程度上可以作为政策效果评估的代名词。本研究所关注的照料需要满足状况则是评估长期照料"获得感"最直接的手段。因此，应坚持以人民为中心的价值追求，将人作为长期照料服务全流程的聚焦点，将失能老人的需要作为长期照料服务的出发点，将失能老人的需要满足状况作为长期照料服务的归宿点，转变当前单一地反映供给侧变化的政策评估方式，更加关注失能老人在长期照料服务中的获得感。

7.2.3 供需匹配的发展路径

传统生物医学模式指导下的健康维护以医疗诊治为主，对成本与专业水平要求较高。随着失能老人的激增，为了应对其复杂的健康需求，集生活照料、护理康复和权益保护于一体的长期照料服务应运而生。功能衰退是一个循序渐进过程，尤其重度失能是不可逆的，相比高额的单病种诊疗，高质量的长期照料服务在延缓衰退进程的同时，能更好地保障失能老人有更多的参与社会的机会。因此，为失能老人及时提供满足其需求的长期照料服务，一方面可以把握住功能衰退进程中的重要时间节点，提高轻度失能老人的复原机会，尽可能地延缓重度失能、失智老人的衰退进程，进而避免高额的医疗支出；另一方面有助于帮助失能老人由被动地接受服务向主动的社会参与转变，提升其社会福祉。故本研究根据上述结论提出，长期照料服务供需匹配的实现可考虑两条路径，即对无人照料、有人照料但需要更多专业照料的两类失能老人提供差别化、有针对性的长期照料服务。

（1）关注长期照料服务与一般养老服务之间的空白地带，鼓励政府为照料盲区的失能老人提供过渡性的社区居家养老服务。

对于需要照料但又无人照料的失能老人来说，社会照料服务是刚需，而这些失能老人大多处于功能衰退的初期，结合经济效益与老年人的养老偏好来看，社区居家养老服务优于机构服务。我国绝大多数城市试点的长期护理保险面向重度失能老人，为重度失能老人提供了基本的服务保障，但轻度失能老人仍处于保障盲区。目前我国轻度失能老人在失能老人中占比最高，而且功能衰退是一个循序渐进的过程，如果能在衰退初期及时为其提供长期照护，他们仍有机会恢复独立的日常生活能力（Gibson，Verma，2006）。因此在不断发展完善针对重度失能老人的长期照料服务的同时，应进一步为处于照护盲区的轻度失能老人提供过渡性的社区居家养老服务。这类服务的强度与支出虽然高于一般养老服务但低于长期照料服务，建议将这类服务纳入民政购买的居家养老服务的补贴范畴，从而弥补长期护理保险尚未覆盖的照料盲区。

欧美发达国家从20世纪70年代开始，为了降低过度使用机构照料所带来的较高的财政支出，开始鼓励"去机构化"，大力发展社区居家老年照料。有研究证明，提供以消费者为主导的社区居家照料服务可以降低老年人未满足的照料需要（Casado，van Vulpen，Davis，2011）。以美国为例，美国的公共医疗救助制度是覆盖长期照料最大的项目。它主要面向收入低于国家贫困线或者联邦救助制度的低收入受益人中的老年人、盲人及永久残疾人士。在20世纪70年代中期，美国公共医疗救助制度（Medicaid）的大部分支出被用于机构的长期照料，研究发现，至少有30%入住养老院的人是公共医疗救助制度的受益人，如果这些人能够获得满足其照料需要的居家照料，就可以避免入住养老院。导致这些人过度使用机构照料的原因之一在于，美国公共医疗救助制度在报销给付设计上更偏向于机构照料而非居家照料。因此，在20世纪80年代，美国在公共医疗救助制度之下建立了社区居家服务豁免项目（Home and Community-Based Service Waiver Program）。该项目的服务对象以失能、失智老人为主，也覆盖一些特殊群体，如艾滋病患者。该项目允许州政府自愿提供一系列原本公共医疗救助制度未覆盖的居家服务项目，包括个案管理、家政服务、上门护理、个人日常生活料理、成人日间医疗护理、康复服务及喘息服务等。除了联邦政府规定的上述七项服务，各州政府还拥有确定其他所需服务的自主权，只要这些项目通过美国医疗财务管理局（Health Care Financing Administration）的批示，州政府就可以付诸实践。州政府申请批示的这些居家服务项目大致需要满足两个条件：一是具有成本效益；二是可以有效避免社区居家服务豁免项目参与者入住医院或养老院。可以申请批示的居家服务项目包括交通出行服务、老年餐桌、日间照料中心等。由此可见，美国各州政府在设计自己地方特有的社区居家养老服务上具有较大的自主权，这将有利于各州识别当地具有特定照料需要的群体，并为他们提供能够满足他们特定需要的服务（Duckett & Guy，2000）。

与照料需要部分未满足的失能老人相比，需要照料但无人照料的失能老人的经济状况更差且家庭照料资源更为缺乏。参考美国社区居家服务豁免项目，建议在我国大力发展以日常生活照料为主的社区居家养老服务，并鼓励政府为无人照料的失能老人购买此类服务，从而缓解当下失能老人无人照料的风险，使其仍然能够维持在家里的正常生活，避免对养老院不必要的使用，更是为独生子女父母一代步入老龄社会所面临的家庭照料资源缺乏提前做好准备。

那么，各级政府在购买社区居家养老服务中具体承担什么样的责任？我们试图通过梳理我国养老责任主体的演变并结合公共产品学来寻求线索。我国的养老福利制度经历了由家庭保障的传统福利制度（如家庭在养老中承担完全责任）到计划经济时代的国家-单位统包的福利体制（如单位在养老中承担完全责任），后来在由计划经济体制向市场经济体制转型的过程中，走上了养老福利社会化的道路（如家庭、政府、社会共同承担养老责任，以家庭为主）。伴随我国养老福利制度的转变，养老服务的提供主体从政府、单位直接提供服务演变成了政府服务职能外包。基于这一发展趋势，面对我国庞大数量的老年人口及其未满足的照料需要，一方面，社区居家养老服务应继续坚持责任主体的社会化，这有利于打破政府的垄断，提高服务效率；另一方面，要保持地方政府的自主权。按照公共产品供应的效率性原则，面向无人照料的失能老人的社区居家养老服务应当主要由"最接近老年居民的"地方政府负责。所以，政府级别越低，管理社区居家养老服务供给的责任越明显；至于社区居家养老服务均等化，则主要责任在上级政府，比如县级政府要考虑所辖各乡镇养老服务均等化，省级政府要考虑全省各地的均等化，而中央则需要确保全国各地的均等化，即政府级别越高，均等化的责任越大（《基本公共服务均等化与政府财政责任》协作课题组等，2008）。因此，结合美国在项目选择上赋予各州政府的自主权，我们建议在照料需要满足状况评估的基础上，地方政府可以进一步针对当地无人照料的失能老人，收集ADLs/IADLs各个条目上有无人照料的情况，从而确定需要购买的服务项目的优先等级。相应的，在购买服务的资金承担方面，依据公共产品学，社区居家养老服务与地方利益直接相关且外溢性较小，因此，地方政府应承担主要的资金支出；而中央政府则根据政府间财力纵向差异和各地方政府间横向差距确定对地方政府的转移支付额度，从而实现服务的均等化（《基本公共服务均等化与政府财政责任》协作课题组，2008）。

（2）为需要更多专业照料的失能老人建立以专业长期照料为主、家庭照料支持为辅的服务模式。

照料躯体与认知功能障碍严重的老年人对现代家庭提出了巨大的挑战，影响老年人及其家庭的福祉。对于作为家庭照料者的老年人配偶而言，自身的衰老叠加照料压力会导致其体力和精力上不堪重荷；对于"上有老、下有小"的中年子女，在工作、抚养子女和照料父母之间疲于奔命且承担着购买社会服务的经济压力，难以同时兼顾。长时间的照料负担将影响家庭照料者身心健康，为老年人和家庭照料者带来不利影响。如果不为家庭照料提供必要支持，在老年人子女数持续减少的趋势下，居家照料将举步维艰。

本研究显示，重度失能老人的照料主体仍是家人，这是导致其需要更多专业照料的原因之一。一方面告诉我们，为确保照料质量，专业的长期照料相较家庭照料更适合功能严重衰退的老年人；另一方面则对平衡家庭照料与家庭发展提出了挑战。因此，让功能严重衰退的老年人入住专业的长期照料机构或许是对老年人更优的选择。同时，考虑到老一代的老年人对于社会养老机构的接纳度仍然较低，因此长期照料机构的发展应以邻近社区的中小型机构为主。此外，应着力打造针对家庭照料者的支持性服务，让不愿意入住机构的老年人也能尽量在家中获得所需的照料，同时缓解家庭照料者的重担，改善老年人与家庭照料者的关系，促进家庭照料的可持续性发展。

总体而言，国内现有的长期照料服务仍以失能老人为主要服务对象，而忽视了家庭照料者的需要，但也有一些地方城市（如北京、上海、南京和杭州等）尝试提供以家庭照料者为对象的支持性服务，并在喘息服务、经济补助、社会系统支持等方面做出了有益的尝试，收到良好效果，表明政府主导的家庭照料支持可行、有效。具体可采取以下措施：一是通过政府购买，为家庭照料者提供喘息服务，使家庭照料者得到必要的休息和恢复；二是通过长期护理保险为家庭照料者提供适度的经济补助，同时为家庭照料者提供无偿的专业技能培训，并且将一定比例的补助与培训参与情况挂钩，从而在维护家庭经济能力的同时，提高照料效率，提升照料质量；三是建立家庭照料者的心理疏导机制，避免家人对老年人情感支持与生活照料弱化的双重困境；四是建立居家照料信息服务平台，提供疾病咨询、照料技巧、照料服务供给等信息，为照料者创建沟通渠道；五是尝试建立类似产假的父母照料假制度，为在职人员提供一定时间的带薪假期。总之，政府和社会应提高对居家养老照料者身心健康水平的重视程度，全方位、多层次提供支持，为居家养老创造更适宜的家庭、社会环境，进一步促进有老年人的家庭的健康、和谐发展。

7.3 创新、局限与展望

7.3.1 创新点

第一，为长期照料服务供需匹配的量化提供了思路。国内已有研究更多的是从需求或者供给的单一维度出发，预测长期照料服务的需求、使用及其影响因素，探讨服务精准供给的概念、意义、制度安排、实践路径以及国内外经验，而供需匹配的实证研究较为缺乏。本研究提出照料需要满足状况这一概念并进行操作化，通过全国老龄抽样调查数据使长期照料服务供需匹配得以量化，突破了已有研究供、需"两张皮"的问题。

第二，做出了符合中国国情的未满足的需要理论的横向与纵向拓展。国内已有研究尚未构建照料需要满足状况的理论分析框架。本研究在对照料需要满足状况进行系统的理论梳理的基础上，结合我国孝道文化与人口特点，构建了照料需要满足状况指标，并区分了部分未满足与完全未满足的需要；然后利用全国老龄调查的面板数据，在对数据进行了恰当的剥离与组合的基础上，分析比较了部分未满足的需要与完全未满足的需要的现状、特征与趋势，并着重区分了二者影响因素的差异性，验证了未满足的需要的理论模型细分的必要性与合理性；最后首次就照料需要未满足对失能老人多维健康的负面效应进行了综合评估。在此基础上做出了符合中国国情的照料需要满足状况横向与纵向拓展的开拓性创新。

第三，修正了国内已有研究对未满足的照料需要的低估。目前国内已有研究仅评估了失能老人部分未满足的照料需要，而忽视了完全未满足的照料需要。本研究在构建照料需要满足状况的指标时区分了部分未满足与完全未满足的需要，并且利用全国老龄抽样调查数据，系统评估了失能老人完全满足、部分未满足以及完全未满足的照料需要，修正了已有研究只考察部分未满足的需要而导致的对未满足的照料需要的低估。

第四，比较分析了部分未满足与完全未满足的照料需要的影响因素的差异。国内已有研究尚未纳入对完全未满足的照料需要的影响因素的分析，部分未满足与完全未满足的需要的影响因素之间的差异更是不得而知。本研究利用全国老龄抽样调查的面板数据，在对数据进行恰当的剥离与组合的基础上，通过多项式逻辑回归的随机效果模型考察了经济、健康与社会支持对照料需要满足状况的影响，并着重区分了部分未满足与完全未满足的需要的影响因素之间的差异，弥补了国内研究的空白，修正了国外研究将二者合并而导致的结论偏颇，验证了未满足的需要理论进行细分的必要性与合理性，并就此分别提出了降低完全未满足与部分未满足的照料需要的差别化、有针对性的措施。

第五，综合分析了未满足的照料需要对老年人多维健康的影响。健康是一个多元复杂的概念，包括生理、心理与社会等多个维度。已有研究关于未满足的照料需要所带来的不良健康后果聚焦于传统的生物医学层面（如死亡、住院等），忽视了其对老年人社会心理福祉的影响，这可能导致未满足的照料需要的不利影响被低估，老年人更深层次的健康养老需要被掩盖。本研究从生物医学与社会心理两个维度出发，利用全国老龄抽样调查的面板数据，通过二分类逻辑回归的滞后效应模型揭示了未满足的照料需要对失能老人死亡、住院、孤独感及自评生活质量的负面影响，从而验证了未满足的照料需要在多维健康预测方面的有效性，并且让人们认识到照料需要未满足的重要性。对于失能老人来说，保健、医疗、护理及康复等多重健康需求叠加，因此，与单一的健康指标相比，本研究所采用的生理－心理－社会多维度的健康测量，能进一步拓展公众对照料支持缺位或者质量不高对健康带来的负面影响的深刻认识。

7.3.2 研究局限

第一，每一项活动的照料需要满足状况有待细化。本研究尽管评估了失能老人在 ADLs 方面的照料需要满足状况，但是由于数据限制，无法评估失能老人在 IADLs 上的照料需要满足状况，无法分别考察 ADLs/IADLs 每一项活动的照料需要满足状况，进而也无法分析具有部分未满足与完全未满足的需要的失能老人最需要的服务内容。通过国外研究我们发现，相关调查针对 ADLs 或 IADLs 的每一项分别询问老年人的照料需要满足状况，进而计算哪些项目未满足的需要的比例最高，这有利于个案管理者相应调整针对个体的服务计划，也有利于政府针对需要照料的老年人口调整不同服务项目的供给规划。希望今后的全国老龄调查可以加入针对 ADLs/IADLs 各项活动的照料需要满足状况的问题。

第二，服务供给的调查内容有待补充。本研究关于照料需要满足状况的测量是通过询问有无照料者及所获得的照料是否满足需要而得。这只是测量未满足的照料需要的第一步，可以帮助政府与服务提供者初步识别服务供给缺口，并将下一步的筛查聚焦到照料需要未满足的群体，从而缩小服务对象的筛查范围，降低筛查成本。但是，该研究无法提供服务供给过程的详细信息，比如所获得的照料无法完全满足失能老人的需要是因为服务内容与需要不匹配，还是因为服务质量不好？对于这些问题的回答，需要进一步借助服务供给与使用的调查数据。

第三，自变量及其作用机制有待补充。对于没有获得照料的失能老人来说，有没有人提供照料及愿不愿意接受照料是影响失能老人照料需要满足状况的重要因素；对于获得照料的失能老人来说，除了有没有人提供照料、愿不愿意接受照料，服务内容是否符合需求及服务质量好坏等也会影响失能老人的照料需要满足状况。本研究虽然从经济、健康与社会支持三个层面考察了照料需要满足状况的影响因素，但是为了比较相同因素对完全未满足的需要与部分未满足的需要的差异，分析样本同时包含了获得照料的失能老人与无人照料的失能老人，因此在选取自变量时没有纳入服务供给过程的相关因素，如获得的照料内容是否匹配、获得的照料质量如何等，从而在一定程度上造成对获得照料的失能老人的需要是否得以完全满足的影响因素的分析不够充分。此外，未来的研究还需进一步明确对照料需要满足状况产生显著影响的这些自变量的具体作用机制。

第四，需要进一步考察老年个体内部的纵向变化对照料需要满足状况有何影响。不同老年人、不同时期的生物、经济、社会因素的变动，对需要满足状况的影响不能简单化处理。本研究尝试使用面板数据考察照料需要满足状况在个体之间及随时间而产生的变化及其影响因素，但由于本书的研究对象是日常生活需要照料的失能老人，这类老年人在老年人总体中所占比例不到10％，加之这类老年人的死亡率较高，而CLHLS每一期调查之间相隔三年，要实现对这类老年人两期及以上的追踪调查的可能性较小。在我们的分析样本中，仅有15％的个体参与了两期及以上的调查，其中，仅0.2％的个体参与了全部四期的调查。这也就导致本研究较难实现对照料需要满足状况随时间而产生变化的影响因素的考察。希望今后的研究在数据支持的情况下，进一步明确失能老人不同时期的生物、经济、社会因素的变动对需要满足状况有何影响。

第五，对未满足的照料需要的部分健康后果评估可能有偏。本研究使用的是来自北京大学的 CLHLS 调查数据，该调查每一期与下一期的追踪调查之间相隔三年。本研究在考察未满足的需要对失能老人的死亡、住院、孤独感及自评生活质量的影响时，选取了 CLHLS 2011—2014 年的面板数据。而本研究的分析对象是需要照料的失能老人，其死亡风险较高，我们通过数据的描述分析发现，在 2011 年的分析样本中，超过六成的老年人在调查后的三年内去世。因此，鉴于分析样本较高的死亡风险，我们在估计未满足的需要对除死亡以外的其他健康相关变量（如住院、孤独感与自评生活质量）的影响时可能产生偏差。希望未来在数据支持的情况下，可以在研究中进一步验证照料需要未满足的老年人在一年内甚至六个月内的住院、孤独感以及生活质量状况。

第六，未满足的照料需要的综合后果评估有待完善。照料需要的满足与否源于失能老人健康机能的变化，同时受其经济状况与社会支持的影响；反之，照料需要未满足不仅会进一步恶化其生理健康，也有可能消耗其经济与社会支持。本研究从生物医学与社会心理的层面，对未满足的需要的健康后果进行了评估，基于已有研究结果，分别选取了死亡与住院作为生物医学层面的健康指标，以及孤独感与自评生活质量作为社会心理层面的健康指标。然而，鉴于时间、精力及数据的限制，未能进一步考察照料需要未满足可能对失能老人及其家庭带来的社会、经济层面的影响。但我们不能忽视这些潜在影响的重要性，已有研究显示，与照料需要满足的人相比，在 5 项 ADLs 中有 2 项及以上照料需要未满足的人每周所获得的照料时长减少了 16.6 小时（LaPlante 等，2004）。因此，希望未来的研究在此基础上能够做更为广泛与深入的后果评估。

第七，长期照料服务供需匹配机制与路径建构有待进一步完善。一方面，本研究建立在丰富的二手数据资料基础之上，在根据实证分析结果构建长期照料服务供需匹配的机制与路径方面，只是零散地借鉴了部分欧美发达国家的相关经验，缺乏系统性和完整性；同时缺少对我国长期护理保险制度的深入剖析。因此，需要系统提炼国内外长期护理保险制度的经验启示。另一方面，本研究主要以社会学、人口学、老年学以及公共卫生领域的交叉学科理论为基础，构建了长期照料服务供需匹配现状、原因及后果的理论分析框架。但长期照料服务供需匹配的机制与路径建构，不仅具有社会学与公共卫生的意涵，还涉及管理学与经济学面向。因此，需要进一步拓展其理论基础并提升政策建议的可操作性。

7.3.3 未来研究展望

第一，细化每一项活动的照料需要满足状况。未来在全国老龄抽样调查中可以针对 ADLs 或 IADLs 每一项需要帮助的被访者追问以下问题：一是是否有人帮助；二是如果有人帮助，已有帮助是否完全满足需要。从而帮助我们进一步了解失能老人在每一项活动上的照料需要的满足情况，并区分无人照料的失能老人与有人照料但需要更多专业照料的失能老人最需要的服务内容。

第二，补充服务供给的调查内容，丰富自变量。未来在全国老龄抽样调查中补充关于服务供给过程的调查问题，如服务内容是否符合需求、服务质量如何等，并纳入部分未满足的照料需要的因素分析之中，丰富对获得照料的失能老人的需要是否得以完全满足的影响因素的认识，进而从供需两侧了解所获得的服务无法完全满足失能老人照料需要的原因，为下一步改善长期照料服务内容与提高服务质量提供有针对性的依据。

第三，进一步探索失能老人不同时期的生物、经济、社会因素的变动，对需要满足状况有何影响。希望未来更多的全国老龄抽样调查能够加入照料需要满足状况的问题，并实现对失能老人一年一次的多期追踪调查。在数据支持的情况下，未来的研究可以利用固定效果模型，进一步探索失能老人不同时期的生物、经济、社会因素的变动对需要满足状况有何影响。

第四，进一步明确照料需要满足状况的影响机制。在本研究的基础上，未来的研究可以进一步明确影响照料需要满足状况的因素的作用机制，并从服务对象与服务供给者两方面深入分析获得照料的失能老人的需要没有完全获得满足的原因，从而为降低失能老人未满足的照料需要，实现长期照料服务的供需匹配提供更为丰富的依据。

第五，补充未满足的照料需要可能带来的后果的调查内容，拓展其后果评估。针对学界对未满足的照料需要这一老年人自评指标的主观性争议，国外已有研究开始利用未满足的照料需要的后果这一客观指标来替代未满足的需要。比如，在老龄调查中针对 ADLs 或 IADLs 每一项需要帮助的被访者追问：是否因为无人帮助或帮助不够而经历相应的负面生活事件，如摔倒、衣衫不整、挨饿、日常生活用品匮乏等。有鉴于此，未来在我国的老龄抽样调查中，也可以加入在 ADLs 或 IADLs 每个条目上因照料不充分而经历系列负面事件的问题，以便更为直观地了解未满足的照料需要对老年人社会、经济、健康等各方面所带来的负面影响,进而用未满足的照料需要所带来的后果替代未满足的照料需要作为识别最需要照料的群体的指标,有利于解决人们对照料需要满足状况这一主观指标的信度、效度的质疑。

第六,加强长期照料服务供需匹配机制与路径建构的国内外经验与理论基础。一方面,未来的研究可以进一步梳理国外长期护理保险制度以及我国 49 个长期护理保险制度试点的发展沿革,重点总结其优势经验,并凝练优势经验的适用性条件、普适性逻辑、实践路径、管理体制与保障机制,为我国构建更为完善的长期照料服务供需匹配机制与路径提供经验借鉴;另一方面,后续研究可以进一步完善社会保障、社会治理、公共产品、消费者行为学等管理学与经济学理论,用于指导长期照料服务中政府、市场与第三部门的责任划分,创新长期照料服务的多元化供给与协调机制以及激励和监督机制。

参考文献

一、中文文献

曹杨，王记文，2015. 公益活动参与对退休老人生活满意度的影响——基于北京市西城区的调研［J］. 人口与发展，21（4）：103－112.

曹杨，徐向文，王一笑，2016. 空巢老人养老需求与代际支持的比较分析［J］. 调研世界（10）：53－61.

曹杨，Mor V，2017. 失能老年人的照料需求：未满足程度及其差异［J］. 兰州学刊（11）：144－156.

曹煜玲，2014. 我国老年人的照护需求与服务人员供给分析——基于对大连和南通的实证研究［J］. 人口学刊（3）：41－51.

曾毅，2013. 中国老年健康影响因素跟踪调查（1998－2012）及相关政策研究综述（上）［J］. 老龄科学研究（1）：65－72.

曾毅，陈华帅，王正联，2012. 21世纪上半叶老年家庭照料需求成本变动趋势分析［J］. 经济研究，47（10）：134－149.

陈宁，2020. 长期照料未满足的需求对失能老年人死亡风险的影响——基于CLHLS2008－2014年3期追踪数据的分析［J］. 社会保障评论，4（4）：133－145.

陈熙，2014. 家庭现代化理论与当代中国家庭：一个文献综述［J］. 重庆社会科学（8）：67－72.

辞海编辑委员会，1999. 辞海［M］. 上海：上海辞书出版社.

杜鹏，董亭月，2015. 促进健康老龄化：理念变革与政策创新——对世界卫生组织《关于老龄化与健康的全球报告》的解读［J］. 老龄科学研究，3（12）：3－10.

杜鹏，李强，2006. 1994—2004年中国老年人的生活自理预期寿命及其变化[J]. 人口研究（5）：9-16.

杜鹏，孙鹃娟，张文娟，等，2016. 中国老年人的养老需求及家庭和社会养老资源现状——基于2014年中国老年社会追踪调查的分析[J]. 人口研究，40（6）：51-53.

杜鹏，王永梅，2017. 中国老年人社会养老服务利用的影响因素[J]. 人口研究，(3)：26-37.

顾大男，柳玉芝，2008. 老年人照料需要与照料费用最新研究述评[J]. 西北人口，29（1）：1-6.

郭竞成，2012. 农村居家养老服务的需求强度与需求弹性——基于浙江农村老年人问卷调查的研究[J]. 社会保障研究（1）：47-57.

国家统计局，2022-02-28. 中华人民共和国2021年国民经济和社会发展统计公报［EB/OL］. http://www.stats.gov.cn/tjsj/zxfb/202202/t20220227_1827960.html.

黄匡时，2013. 供求关系视角下的中国老年照料服务资源分析[J]. 中国人口·资源与环境，23（S2）：488-491.

黄匡时，2014. 中国高龄老人日常生活照料需求满足状况及其影响因素研究[J]. 中国人口·资源与环境，24（S3）：331-334.

《基本公共服务均等化与政府财政责任》协作课题组，2008. 基本公共服务均等化与政府财政责任[J]. 财会研究（6）：6-14.

景跃军，李元，2014. 中国失能老年人构成及长期护理需求分析[J]. 人口学刊，36（2）：55-63.

李德明，陈天勇，李海峰，2009. 中国社区为老服务及其对老年人生活满意度的影响[J]. 中国老年学杂志（19）：2513-2515.

李建新，刘保中，2015. 健康变化对中国老年人自评生活质量的影响——基于CLHLS数据的固定效应模型分析[J]. 人口与经济（6）：1-11.

李建新，张风雨，1997. 城市老年人心理健康及其相关因素研究[J]. 中国人口科学（3）：29-35.

梁渊，梅桥生，田怀谷，等，2004. 如何正确认识生物-心理-社会医学模式的概念及其指导作用[J]. 医学与社会（5）：1-3.

骆为祥，李建新，2011. 老年人生活满意度年龄差异研究[J]. 人口研究

（6）：51—61.

彭瑞骢，常青，阮芳赋，1982. 从生物医学模式到生物心理社会医学模式[J]. 自然辩证法通讯（2）：25—30.

世界卫生组织，2015. 关于老龄化与健康的全球报告[EB/OL]. http://apps.who.int/iris/bitstream/10665/186468/2/WHO_FWC_ALC_15.01_chi.pdf.

唐灿，2010. 家庭现代化理论及其发展的回顾与评述[J]. 社会学研究（3）：199—222.

田北海，王彩云，2014. 城乡老年人社会养老服务需求特征及其影响因素——基于对家庭养老替代机制的分析[J]. 中国农村观察（4）：2—17.

王莉莉，2013. 基于"服务链"理论的居家养老服务需求、供给与利用研究[J]. 人口学刊（2）：49—59.

邬沧萍，姜向群，2011. 老年学概论：第2版[M]. 北京：中国人民大学出版社.

吴玉韶，党俊武，2014. 中国老龄产业发展报告（2014）[M]. 北京：社会科学文献出版社.

吴玉韶，郭平，苗文胜，2014. 2010年中国城乡老年人口追踪调查数据分析[M]. 北京：中国社会出版社.

杨菊华，何炤华，2014. 社会转型过程中家庭的变迁与延续[J]. 人口研究（2）：36—51.

杨菊华，李路路，2009. 代际互动与家庭凝聚力——东亚国家和地区比较研究[J]. 社会学研究（3）：26—53.

袁泉，姚文兵，2017. 老年失能患者的生活质量及社会支持[J]. 中国老年学杂志（19）：4909—4910.

张文娟，杜鹏，2009. 中国老年人健康预期寿命变化的地区差异：扩张还是压缩[J]. 人口研究（5）：68—76.

赵曼，胡思洋，2015. 社会救助制度的功能定位与改革逻辑[J]. 财政研究（2）：23—27.

中华人民共和国民政部，2016-07-11. 2015年社会服务发展统计公报[EB/OL]. http://www.mca.gov.cn/article/sj/tjgb/201607/20160700001136.shtml.

中华人民共和国民政部，2016-10-09. 三部门发布第四次中国城乡老年人生活状况抽样调查成果[EB/OL]. http://www.mca.gov.cn/article/zwgk/

mzyw/201610/20161000001974. shtml.

中华人民共和国民政部,2018-09-19. 民政部关于促进我国养老服务业发展的提案答复的函[EB/OL]. http://xxgk. mca. gov. cn:8011/gdnps/pc/content. jsp?id=12655&mtype=1.

二、英文文献

ALLEN S M,1994. Gender Differences in Spousal Care-Giving and Unmet Need for Care[J]. J Gerontol(49):187-195.

ALLEN S M, MOR V,1997. The Prevalence and Consequences of Unmet Need: Contrasts between Older and Younger Adults with Disability [J]. Medical Care,35(11),1132-1148.

ALLEN S M, PIETTE E R, MOR V,2014. The Adverse Consequences of Unmet Need among Older Persons Living in the Community: Dual-Eligible Versus Medicare-Only Beneficiaries[J]. The Journals of Gerontology, Series B: Psychological Sciences and Social Sciences,69(7):51-58.

ALLIN S, MASSERIA C,2009. Research Note: Unmet Need as an Indicator of Access to Health Care in Europe[EB/OL]. European Commission. http://ec. europa. eu/social/BlobServlet?docId=4741& langId=en.

ALONSO J, ORFILA F, RUGÓMEZ A, ERRERM, ANTÓJ M,1997. Unmet Health Care Needs and Mortality among Spanish Elderly[J]. American Journal of Public Health,87(3):365-370.

ANDERSEN R M,1995. Revisiting the Behavioral Model and Access to Medical Care: Does it Matter[J]. Journal of Health and Social Behavior,36(1):1-10.

ARBAJE A I, WOLFF J L, YU Q, POWE N R, ANDERSON G F, BOULT C,2008. Postdischarge Environmental and Socioeconomic Factors and the Likelihood of Early Hospital Readmission among Community-Dwelling Medicare Beneficiaries[J]. The Gerontological Society of America,48(4).

ARNSBERGER P, FOX P, ZHANG X, GUI S,2000. Population Aging and The Need for Long Term Care: a Comparison of the United States and the People's Republic of China[J]. Journal of Cross-Cultural Gerontology,15

(3):207—227.

BAUME P, ISAACSON B, HUNT J, 1993. Perceptions of Un-met Need in Four Community Services for Elderly People[J]. Aust J Public Health (17):267.

BERRIDGE C, MOR V, 2018. Disparities in the Prevalence of Unmet Needs and Their Consequences Among Black and White Older Adults[J]. Journal of Aging and Health, 30(9):1427—1449.

BRANCH L G, JETTE A M, 1981. The Framingham Disability Study: I. Social disability among the aging[J]. American Journal of Public Health, 71(11):1202—1210.

CASADO B, VAN VULPEN K, DAVIS S, 2011. Unmet Needs for Home and Community-Based Services among Frail Older Americans and Their Caregivers[J]. Journal of Aging and Health, 23(3):529—553.

DAVEY A, TAKAGI E, SUNDSTROM G, MALMBERG B, 2013. Formal Support and Unmet Needs in The National Long-Term Care Survey[J]. Journal of Comparative Family Studies, 44(4):437—453.

DEPALMA G, XU H, COVINSKY K E, CRAIG B A, STALLARD E, THOMAS J, SANDS L P, 2013. Hospital Readmission among Older Adults Who Return Home with Unmet Need for ADL Disability[J]. The Gerontologist, 53(3):454—461.

DESALVO K, FAN V S, MCDONELL M B, FIHN S D, 2005. Predicting Mortality and Healthcare Utilization with a Single Question[J]. Health Services Research, 40(4):1234—1247.

DUCKETT M J, GUY M R, 2000. Home and Community-Based Services Waivers[J]. Health Care Financing Review, 22(1):123—125.

ENGEL G L, 1977. The Need for a New Medical Model: a Challenge for Biomedicine[J]. Science (New York, N. Y.), 196(4286):129—136.

FENG Z, GUAN X, FENG X, LIU C, ZHAN H, MOR V, 2014. Long-term Care in China[M]//Regulating Long Term Care Quality. Cambridge: Cambridge University Press:409—443.

FENG ZHANLIAN, 2017. Filial Piety and Old-age Support in China: Tradition,

Continuity, and Change[M]//Handbook on the Family and Marriage in China. Cheltenham: Edward Elgar Publishing: 266-285.

FREEDMAN V A, AYKAN H, WOLF D A, MARCOTTE J E, 2004. Disability and Home Care Dynamics among Older Unmarried Americans[J]. The Journals of Gerontology, Series B: Psychological Sciences and Social Sciences, 59(1): 25-33.

GAUGLER J E, KANE R L, KANE R A, NEWCOMER R, 2005. Unmet CareNeeds and Key Outcomes in Dementia[J]. Journal of the American Geriatrics Society (53): 2098-2105.

GAYMAN M D, TURNER R J, CUI M, 2008. Physical Limitations and Depressive Symptoms: Exploring the Nature of the Association[J]. The Journals of Gerontology, Series B: Psychological Sciences and Social Sciences, 63(4): 219-228.

GIBSON M J, VERMA S K, 2006. Just Getting by: Unmet Need for Personal Assistance Services Among Persons 50 or Older with Disabilities[M]. Washington: American Association of Retirement Persons Public Policy Institute.

GU D, 2008. General Data Assessment of the Chinese Longitudinal Healthy Longevity Survey in 2002[M]//Healthy Longevity in China: Demographic, Socioeconomic, and Psychological Dimensions. Dordrecht: Springer Publishing Company: 39-59.

GU D, DUPRE M E, 2008. Assessment of Reliability of Mortality and Morbidity in the 1998-2002 CLHLS Waves[M]//Healthy longevity in China: Demographic, Socioeconomic, and Psychological Dimensions. Netherlands: Springer Publishing Company: 99-115.

Gu D N, Vlosky D A, 2008. Long-Term Care Needs and Related Issues in China. Social Sciences in Health Care and Medicine[M]. New York: Nova Science Publishers: 51-84.

HARDY S E, GILL T M, 2004. Recovery from Disability among Community-dwelling Older Persons[J]. JAMA, 291(13): 1596-1602.

HU B, WANG J, 2019. Unmet Long-Term Care Needs and Depression: the Double Disadvantage of Community-dwelling Older People in Rural China [J]. Health Social Care Community, 27(1): 126-138.

JACKSON M E,1991. Prevalence and Correlates of Uunmet Need among the Elderly with ADL Disabilities[M]. New York:McGraw-Hill.

JACKSON M E,BURWELL B O,1990. Publicly-Financed Home Care for the Disabled Elderly:Who Would Be Eligible[M]. New York:McGraw-Hill.

JACKSON M E,DOTY P,1995. Use of the 1989 National Long-Term Care Survey for Examining Cognitive Impairment Criteria[EB/OL]//25th Public Health Conference on Records and Statis,Washington DC. http://aspe. hhs. gov/search/daltcp/ Reports/89nltces. htm.

KANE R L,BOULT C,1998. Defining the Service Needs of Frail Older Persons [M]//Living in the Community with Disability:Service Needs, Use, and Systems. New York:Springer Publishing Company:15-38.

KASPER J D,STEINWACH D M,FLYNN L M,1998. Patterns of Health and Social Service Use among People with Severe and Persistent Mental Illne [M]//Living in the Community with Disability:Service Needs, Use, and Systems. New York:Springer Publishing Company:263-285.

KEMPER P,1990. Case Management Agency Systems of Administering Long-Term Care:Evidence from the Channeling Demonstration[J]. Gerontologist, 30(6):817-824.

KENNEDY J,2001. Unmet and Undermet Need for Activities of Daily Living and Instrumental Activities of Daily Living Assistance among Adults with Disabilities: Estimates from the 1994 and 1995 Disability Follow-back Surveys[J]. Medical Care,39(12):1305-1312.

KOMISAR H L, FEDER J, KASPER J D, 2005. Unmet Long-Term Care Needs:an Analysis of Medicare-Medicaid Dual Eligibles[J]. Inquiry,42(2): 171-182.

LAPLANTE M P,KAYE S,KANG T,HARRINGTON C,2004. Unmet Need for Personal Assistance Services:Estimating the Shortfall in Hours of Help and Adverse Consequences[J]. Journal of Gerontology,59B (2):98-108.

LEE E S,1966. A Theory of Migration[J]. Demography,3(1):47-57.

LI H, MORROW-HOWELL N, PROCTOR E, 2006. Assessing Unmet Needs of Older Adults Receiving Home and Community-Based Services:Conceptualization and Measurement[J]. Journal of Social Work in Long-Term Care,3(3-4): 103-120.

LONG S K,KING J,COUGHLIN T A,2005. The Implications of Unmet Need for Future Health Care Use: Findings for a Sample of Disabled Medicaid Beneficiaries in New York[J]. Inquiry,42(4):413-420.

MANTON K G,1988. A Longitudinal Study of Functional Change and Mortality in the United States[J]. Journal of Gerontology,43(5):153-161.

MANTON K G,1989. Epidemiological,Demographic,and Social Correlates of Disability among the Elderly[J]. The Milbank Quarterly,67(Suppl 2 Part 1):13-58.

MCCROSTIE M J, PEACOCK A, 1984. Disability Policy in the United Kingdom[M]// Public Policy towards Disabled Workers. London: Cornell University Press:517-573.

MINIHAN P M,DEAN D H,1990. Meeting the Needs for Health Services of Persons with Mental Retardation Living in the Community[J]. Am J Public Health(80):1043.

MOR V,1998. A Modern Lexicon of Disability[M]// Living in the Community with Disability: Service Needs, Use, and Systems. New York: Springer Publishing Company:353-371.

MOR V, ALLEN S M, SIEGEL K, HOUTS P,1992a. Determinants of Need and Unmet Need among Cancer Patients Residing at Home[J]. Health Services Research,27(3):337-360.

MOR V,ALLEN S,SIEGEL K,HOUTS P,1992b. Organizing AIDS Service Consortia:Lead Agency Identity and Consortium Cohesion[J]. Social Science Review,66(4):547-570.

MOR V, MASTERSON A S, HOUTS P, SIEGEL K,1992. The Changing Needs of Patients with Cancer at Home: a Lon-gitudinal View[J]. Cancer,(69):829.

PENG R,WU B,LING L,2015. Undermet Needs for Assistance in Personal Activities of Daily Living among Community-dwelling Oldest Old in China from 2005 to 2008[J]. Research on Aging,37(2):148-170.

PATRICK D L,PEACH H,1989. Disablement in the Community[M]. Oxford:

Oxford University Press.

ROWLAND D,1989. Measuring the Elderly's Need for Homecare[J]. Health Affairs,8(4):39-51.

SANDS L P,WANG Y,MCCABE G P,JENNINGS K,ENG C,COVINSKY K E,2006. Rates of Acute Care Admissions for Frail Elders Living with Met Versus Unmet Activity of Daily Living Needs[J]. Journal of the American Geriatrics Society (54):339-344.

SHAPIRO A, TAYLOR M, 2002. Effects of a Community-based Early Intervention Program on the Subjective Well-being, Institutionalization, and Mortality of Low-income Elders[J]. Gerontologist,42(3):334-341.

SIEGEL K, RAVEIS V H, HOUTS P, 1991. Caregiver Burden and Unmet Patient Needs[J]. Cancer,68(5):1131-1140.

SMITH M Y,RAPKIN B D,1995. Unmet Needs for Help among Persons with AIDS[J]. AIDS Care (7):353-363.

STONE R I,MURTAUGH C M,1990. The Elderly Population with Chronic Functional Disability: Implications for Home Care Eligibility [J]. Gerontologist,30(4):491-496.

TENNSTEDT S, MCKINLAY J, KASTEN L, 1994. Unmet Need among Disabled Elders:a Problem in Access to Community Long-term Care[J]. Soc Sci Med,(38):915-924.

THOMAS C, PAYNE S M, 1998. Home Alone: Unmet Need for Formal Support Services among Home Health Client[J]. Home Health Care Services Quarterly,17(2):1-20.

United Nations Department of Economic and Social Affairs Population Division,2019. World Population Prospects: The 2019 Revision[EB/OL]. https://esa.un.org/unpd/wpp/Download/Standard/Population/.

VERBRUGGE L M,PATRICK D L,1998. Impact of Seven Chronic Conditions [M]// Living in the Community with Disability: Service Needs, Use, and Systems. New York:Springer Publishing Company:95-118.

VON STRAUSS E, AG?ERO-TORRES H, K?REHOLT I, WINBLAD B, FRATIGLIONI L, 2003. Women are More Disabled in Basic Activities of

Daily Living than Men only in Very Advanced Ages: A Study on Disability, Morbidity, and Mortality from the Kungsholmen Project[J]. Journal of Clinical Epidemiology,56(7):669—677.

WEISSERT W G,HARRIS K M,1998. Health and Social Services Use by the Frail Elderly[M]// Living in the Community with Disability:Service Needs, Use,and Systems. New York:Springer Publishing Company:42—72.

Wiener J M, Hanley R J, Clark R, Van Nostrand J F, 1990. Measuring the Activities of Daily Living:Comparisons Across National Surveys[J]. Journal of Gerontology,45(6):229—237.

WILLIAM J G,1963. World Revolution and Family Patterns[M]. New York: Free Press of Glencoe.

WOOD P, 1980. The International Classification of Impairments, Disabilities, and Handicaps:a Manual Relating to the Consequences of Disease[J]. WHO Chronicle,34(10):376—380.

XIANG X, AN R, HEINEMANN A, 2018. Depression and Unmet Needs for Assistance With Daily Activities among Community-Dwelling Older Adults [J]. The Gerontologist,58(3):428—437.

XU H,COVINSKY K E,STALLARD E,THOMAS J,SANDS L P,2012. Insufficient Help for Activity of Daily Living Disabilities and Risk of All-Cause Hospitalization[J]. The American Geriatrics Society,60(5).

ZENG Y,GU D,2008. Reliability of Age Reporting among the Chinese Oldest-old in the CLHLS Data Sets [M]// Healthy Longevity in China: Demographic, Socioeconomic, and Psychological Dimensions. Dordrecht: Springer Publishing Company:61—78.

ZHEN Z,FENG Q,GU D,2015. The Impacts of Unmet Needs for Long-Term Care on Mortality among Older Adults in China[J]. Journal of Disability Policy Studies,25(4):243—251.

ZHOU M, QIAN Z, 2008. Social Support and Self-Reported Quality of Life: China's Oldest Old [M]// Healthy Longevity in China: Demogaraphic, Socioeconomic and Psychological Dimension. Springer Publishing Company: 357—376.